Les cahiers d'**exercices** ASSiMiL®

Japonais

Faux-débutants
Intermédiaire

Catherine Garnier et Takahashi Nozomi

AF729165

À propos de ce cahier

Comme vous pourrez le voir à la lecture du sommaire, ce cahier alterne des chapitres très diversifiés, permettant un approfondissement de vos connaissances ainsi que de nouvelles découvertes : exercices de grammaire, y compris sur des structures complexes, exercices d'écriture, exploration de champs lexicaux. Pour les points fondamentaux de grammaire (emploi des particules, formes verbales...), ce cahier vous permettra de vous familiariser, au-delà des données de base, avec des emplois plus subtils. Et une petite surprise vous attend à la fin !

Les exercices de grammaire sont précédés d'un rappel des éléments grammaticaux, à bien étudier avant de commencer à répondre. Le vocabulaire nouveau est présenté dans des « Banques de mots ». Ce cahier faisant suite au *Cahier d'exercices Débutants*, le vocabulaire utilisé dans ce dernier est considéré comme acquis.

Votre première étape sera de lire attentivement la page suivante.

Enfin, ce cahier vous permettra d'effectuer votre autoévaluation : après chaque exercice, dessinez l'expression de vos icônes (pour une majorité de bonnes réponses, pour environ la moitié et pour moins de la moitié). À la fin de chaque chapitre, reportez le nombre d'icônes relatives à tous ces exercices et, en fin d'ouvrage, faites les comptes en reportant les icônes des fins de chapitres dans le tableau général prévu à cet effet !

Sommaire

Introduction

À lire attentivement avant de commencer les exercices

1 **Rappel de quelques conventions**

Dans ce cahier sont utilisées les mêmes conventions que dans le cahier pour débutants.

- Le classement des verbes :
  - sont appelés « de type 1 » les verbes pour lesquels les suffixes s'ajoutent directement à la base : みる ➜ みます, たべる ➜ たべます
  - sont appelés « de type 2 » les verbes pour lesquels on doit changer la voyelle selon le suffixe ajouté : よむ (yom**u**) よみます (yom**i**masu) よまない (yom**a**nai)
- Lorsque l'exercice consiste à traduire une phrase du français vers le japonais, le verbe ou l'adjectif souligné doit être mis à la forme en -ます (et dérivés -ました, -ません...) pour les verbes, en です pour les adjectifs.

2 **Changement de terminologie**

Dans le cahier pour débutants, on opposait pour les verbes et les adjectifs une forme dite « de familiarité » (sans -ます et ses dérivés) à une forme pour les autres situations (avec -ます et ses dérivés). Cette distinction est valable pour les verbes et adjectifs en fin de phrase.

Dans ce nouveau cahier sont abordées des phrases complexes dans lesquelles les formes dites « de familiarité » prennent une valeur syntaxique et sont obligatoires quelle que soit la forme de fin de phrase. On les appellera désormais « formes réduites ».

3 Comme on le conseillait déjà dans le précédent cahier, il est fortement recommandé de **se fabriquer son propre lexique** avec les termes présentés dans les « Banques de mots », qui sont réutilisés au fur et à mesure des exercices.

4 **L'écriture**

Il est considéré ici que les **kana** (hiragana et katakana) sont acquis. Si ce n'est pas le cas, on peut se référer aux *Cahiers d'écriture*, dans la même collection Assimil.

Les **kanji** posent un gros problème. Chaque personne abordant ce cahier aura un niveau différent sur ce point. Il a été décidé de n'utiliser ici que des kanji notant des verbes ou des adjectifs. Ceci dans la mesure où se pose la question des hiragana nécessaires pour compléter chaque forme. Un chapitre entier (le chapitre 3) est consacré à cette question. Pour les noms, des kanji seront présentés dans les chapitres plus précisément consacrés à l'acquisition de vocabulaire.

N'oubliez pas les principes majeurs de l'écriture des kanji : on les écrit de haut en bas et de gauche à droite. Pour des explications plus détaillées, voir l'ouvrage *Le japonais, écriture kanji* (Assimil).

5 **Les explications grammaticales**, dans les encadrés jaunes, sont des rappels et présentent donc seulement les grandes lignes, pour un point donné. Pour des explications complètes, on peut se référer à la *Grammaire du japonais* (Assimil).

1

Les adverbes

Dans la plupart des phrases, on a besoin de mots pour préciser le temps, la qualité, le degré. C'est ce à quoi servent les adverbes. Si leur place dans la phrase est relativement libre, les adverbes de temps sont en général plutôt en début de phrase, les adverbes de qualité près du verbe et les adverbes de degré juste avant l'adjectif.

Banque de mots

だんだん	progressivement
ときどき	de temps en temps
ゆっくり	lentement
まだ	pas encore
すぐ	tout de suite

I **Après avoir étudié la Banque de mots et sans la regarder, reliez par un trait le mot japonais et son équivalent français.**

1. すぐ •	• a. pas encore
2. ゆっくり •	• b. de temps en temps
3. だんだん •	• c. lentement
4. まだ •	• d. tout de suite
5. ときどき •	• e. progressivement

La forme en -て d'un verbe suivie de いない / いません signifie qu'une action n'a pas encore été faite. La phrase comporte alors souvent l'adverbe まだ.

Ex. : けさ　の　しんぶん　を　**まだ**　よんで　**いない。**
Je n'ai pas encore lu le journal de ce matin.

Banque de mots

としょかん	bibliothèque (lieu)

2 **Reconstituez les phrases à l'aide des mots dans la bulle.**

としょかん
ときどき　と　べんきょう
ください　たなかさん
みて　たべて　すぐ
いきます　まだ　ゆっくり
します　その　えいが
を　で　いない

1. De temps en temps j'étudie avec Madame Tanaka à la bibliothèque.

....

....

2. Mangez lentement.

....

3. J'y vais tout de suite.

....

4. Je n'ai pas encore vu ce film.

....

Banque de mots

ぜんぜん	pas du tout	すこし	un peu

3 **Reconstituez les paires en reliant par une ligne le mot japonais et le mot (l'expression) français(e) correspondant(e).**

ぜんぜん　　すこし　　よく　　とても

souvent　　pas du tout　　un peu　　très

Certains adverbes s'emploient dans des contextes fixes. Par exemple, ぜんぜん s'emploie toujours avec une expression négative, et とても toujours devant un adjectif.

Beaucoup de mots désignant des réalités familières s'emploient précédés d'un préfixe お.

Ex : お-すし *le sushi*, お-さけ *le saké*.

Banque de mots

ロシアご	langue russe
お-かね	argent (monnaie)

4 **Complétez les phrases en choisissant l'adverbe qui convient le mieux dans la liste suivante, puis traduisez les phrases.**

ぜんぜん　すこし　よく　とても

1. あの　ほんや　に　……………　いきます。

……………………………………………

2. ロシアご　は　……………　わかりません。

……………………………………………

3. お-かね　が　……………　あります。

……………………………………………

4. きょう　は　……………　さむい　です。

……………………………………………

Un très grand nombre d'adverbes sont dérivés de verbes, et encore plus souvent d'adjectifs.

1 Pour quelques verbes, la forme en -て s'est figée, elle perd sa valeur verbale pour fonctionner comme un adverbe ou une expression adverbiale : あるく *marcher* ➜ あるいて *en marchant, à pied.*

Ex. : まいにち　うち　から　かいしゃ　まで　**あるいて** いきます。 *Je vais tous les jours* ***à pied*** *de chez moi à mon bureau.*

Banque de mots

いそいで	de いそぐ se dépêcher ➜ (en se dépêchant) en toute hâte
はじめて	de はじめる commencer ➜ (en commençant) pour la première fois
お-はなみ	contemplation des cerisiers (fête traditionnelle)
じゅんび	préparatifs

5 Traduisez en japonais.

1. Ça prend une demi-heure à pied jusqu'à la bibliothèque.

....

2. Dépêchez-vous de faire (faites en toute hâte) les préparatifs pour le *hanami*.

....

3. Hier, j'ai rencontré pour la première fois notre nouveau professeur de japonais.

....

2 La forme en -く dérivée d'un adjectif en -い peut perdre sa valeur d'adjectif pour fonctionner comme un adverbe ou une expression adverbiale : たのしい *être agréable, joyeux* ➜ たのしく *agréablement, avec joie.*

À noter :

- La forme en -く de l'adjectif いい *être bon/bien* se forme sur son doublet よい ➜ よく, et a deux sens : *bien* et *souvent*.
- Il y a deux adjectifs はやい : l'un signifie *être rapide*, l'autre *être matinal*. Il y aura donc deux adverbes はやく, l'un signifiant *vite* et l'autre *tôt*.

Banque de mots

くわしい	être détaillé
きびしい	être sévère

6 Dans le tableau suivant, dérivez l'adverbe correspondant à chaque adjectif en -い et proposez une traduction.

	adjectif en -い	adverbe	traduction
1.	おおきい		
2.	くわしい		
3	いい		
4.	はやい		
5.	きびしい		
6.	おもしろい		

Banque de mots

もっと	plus
お-しろ	château fort
みんな／みな	tous

7 Complétez les phrases en vous aidant de la traduction française.

1. なまえ　を　もっと　.............................　かいて　ください。

Écrivez votre nom plus grand (grandement).

2. おとうさん　が　お-しろ　の　れきし　を　.............................
せつめい　して　くれた。

Papa nous a expliqué en détail l'histoire du château.

3. みんな　が　いちばん　すき　な　うた　を　.............................
うたいました。

Nous avons tous chanté joyeusement notre chanson préférée.

3 On peut aussi dériver un adverbe à partir d'un adjectif invariable, en lui adjoignant la particule に.

Ex. : きれい *beau* ➜ きれい **に** *de belle façon, joliment* ; べんり *pratique* ➜ べんり **に** *de façon pratique, commodément.*

Banque de mots

たいせつ	précieux, important
まじめ	sérieux
こどもたち	les enfants
しずか	calme, tranquille

8 Reconstituez chaque phrase en vous aidant de la traduction française.

1
して　ほん
を　たいせつ　に
もらった　います。
に　ともだち

2
の　むすこさん
は　に　を
べんきょう　えいご
うちださん　して
います。　まじめ

3
は　に
しずか　で
こどもたち　にわ
いる。　あそんで

1. Je traite avec grand soin le livre que m'a donné mon ami.

....

2. Le fils de Madame Uchida étudie sérieusement son anglais.

....

3. Les enfants jouent tranquillement dans le jardin.

....

Banque de mots

かんたん	simple
すごい	être terrible, formidable

9 **À partir des adjectifs proposés, dérivez les adverbes correspondant au français.**

すごい　しずか　べんり　くわしい　きれい

かんたん　たのしい　ながい

1. longuement → ....
2. simplement → ....
3. en détail → ....
4. joyeusement → ....
5. tranquillement → ....
6. joliment, proprement → ....
7. terriblement → ....
8. commodément, facilement → ....

Félicitations !

Vous êtes venu à bout du chapitre 1 ! Il est maintenant temps de comptabiliser les icônes et de reporter le résultat en page 128 pour l'évaluation finale.

2
Plus sur les particules

Une subtilité : il est possible de déplacer la mise en relief d'un élément en jouant à la fois sur l'ordre des mots et sur un emploi de la particule が.

En français, on peut opposer simplement en changeant l'ordre des mots :
A. *Le livre que j'ai acheté hier, c'est celui-ci.*
B. *C'est celui-ci, le livre que j'ai acheté hier.*

Équivalent japonais :
A. きのう　かった　ほん　は　これ　です。　Phrase « normale »
B. これ　**が**　きのう　かった　ほん　です。　Changement dans l'ordre des mots, accompagné d'un emploi particulier de la particule が

1 Traduisez en japonais.

1. Mon sac, c'est ce sac noir ici.

....

2. C'est le tennis qui est le sport préféré de ma fille.

....

3. La personne assise à côté de Yamada, c'est Madame Tanaka.

....

4. C'est ce sac noir qui est mon sac.

....

5. Le sport préféré de ma fille, c'est le tennis.

....

6. [Si vous cherchez] Madame Tanaka, c'est la personne assise à côté de Yamada.

....

Il existe une structure particulière pour exprimer une caractéristique. Là où le français dit par exemple « *l'éléphant a une longue trompe* », le japonais va dire « *l'éléphant, sa trompe est longue* ». On présente d'abord l'objet concerné, normalement, grâce à la particule は, et on présente ensuite la caractéristique que l'on veut isoler, par la formule **nom** + **が** + **adjectif**.

Ex. : *L'éléphant a une longue trompe* → ぞう **は** はな **が** ながい。
(Littéralement : *L'éléphant, sa trompe est longue.*)

Banque de mots

あおい	bleu
じょうず	habile, doué

2 **Faites des phrases en japonais pour décrire la caractéristique des personnes ou objets présentés ci dessous, puis traduisez en français.**

1. ……………………………………………

Traduction : ……………………………………………

……………………………………………

2. ……………………………………………

Traduction : ……………………………………………

……………………………………………

3. ……………………………………………

Traduction : ……………………………………………

……………………………………………

4. ……………………………………………

Traduction : ……………………………………………

……………………………………………

La particule を de complément d'objet peut s'employer avec des verbes de déplacement, pour lesquels le complément s'exprime habituellement à l'aide des particules で ou に. Par exemple, pour あるく *marcher*, si on emploie で, c'est le déplacement qui compte et で sert à préciser le lieu où il se passe. Si on emploie を, ce qui compte c'est l'espace fermé que l'on parcourt, et le verbe indique alors le moyen utilisé (parcourir en marchant, par exemple). Même le verbe いく *aller* peut se construire avec を. Dans ce cas, il prend le sens de *parcourir un espace*.

Banque de mots

あるく	marcher
とぶ	voler

3 **Mettez dans la phrase la bonne particule en vous basant sur le contenu des bulles.**

1. こうえん .... あるく。

2. こうえん .... あるく。

3. そら .... とぶ。

4. うみ .... およぐ。

5. うみ .... およぐ。

6. Parcourir [les étapes du] Tôkaidô*

*(ancienne route reliant Kyôto à Tôkyô)

La particule は sert souvent à marquer une opposition. On l'emploie donc habituellement dans les phrases négatives, ressenties comme opposées à la phrase affirmative virtuelle correspondante.

Ex. : コーヒー　を　のみます。 *Je bois du café.*

Mais : こうちゃ　**は**　のみません。コーヒー　**は**　のみます。
Je ne bois pas de thé. Je bois du café.

Banque de mots

あまり	pas tellement

4 Traduisez en japonais.

1. J'<u>aime</u> le printemps.

....

2. J'aime le printemps. Je déteste l'été.

....

3. Je comprends le japonais.

....

4. Je comprends bien le japonais. Je ne comprends pas tellement l'anglais.

....

Banque de mots

ロンドン	Londres
かぞく	famille
ローマ	Rome
おてら	monastère bouddhiste, temple
けんがく　する	visiter
かぶき	kabuki (théâtre traditionnel)

Dans le cas où elle marque l'opposition ou la différence, la particule は peut se combiner avec les particules に, で, と, から et まで.

Ex. : にほん　に　いきます。
Je vais au Japon.

にほん　に　いきます。
ちゅうごく　**に　は**　いきません。
Je vais au Japon. [Par contre] *Je ne vais pas en Chine.*

5 **Traduisez en français les phrases impaires et en japonais les phrases paires.**

1. デパート　まで　あるきます。

....

2. À la gare, j'y vais en bus.

....

3. なつやすみ　に　ともだち　と　ロンドン　に　いきます。

....

4. Avec ma famille j'irai à Rome.

....

5. クリスマス　に　ちち　に　とけい　を　あげました。

....

6. À ma mère, j'ai offert une belle bague.

....

7. きょうと　で　は　お-てら　を　けんがく　します。

....

8. À Tokyô, je [vais] voir le kabuki.

....

La particule も peut aussi se combiner avec les particules に, で, と, から et まで lorsqu'il s'agit de faire ressortir un parallélisme. C'est d'ailleurs le seul cas où ces particules pourront être répétées dans la même phrase avec la même fonction.

Ex. : らいねん　にほん　に　いきます。
かんこく　**に　も**　ちゅうごく　**に　も**　いきます。
L'an prochain je vais au Japon. J'irai aussi en Corée et en Chine.

6 **Reconstituez chaque phrase sur la base des mots proposés dans les bulles et traduisez en français.**

1. あるく デパート まで も えき

2. いもうと を はな に あげました はは も

3. あね は きょうと なら おーてら けんがく した で も を

4. ちかい は ほんや えき です から も レストラン

1. ....

....

2. ....

....

3. ....

....

4. ....

....

Une seule particule sert à relier un verbe exprimant une parole ou une pensée au contenu de cette parole ou de cette pensée : la particule と.

Dans le cas de la parole, la citation peut être directe ou indirecte. Pour la citation directe, les paroles sont rapportées telles quelles. À l'écrit, on utilise pour cela des crochets, qui correspondent à nos guillemets : 「　」

Ex. : せんせい　は「 ざんねん　です。」と　いいました。
Le professeur a dit : « C'est dommage. »

Banque de mots

いたい	être douloureux
おはよう　ございます	bonjour (le matin)
むかし	jadis, autrefois
ワンピース	robe

7 **Composez la phrase correspondant au dessin, sur le modèle de l'exemple dans l'encadré de grammaire de la page précédente.**

1. いたい。
いたい　。
J'ai mal,
j'ai mal !

としお

2. おはよう
ございます
Bonjour !

きむら

3. かわいい　この
ワンピース。
C'est mignon,
cette robe !

えつこ

4. ああ
むかし　　は
よかった。
C'était mieux
autrefois.

おじいさん

1. ....

2. ....

3. ....

4. ....

Banque de mots

きく	demander	お　げんき　です　か。	Comment allez-vous ?
こたえる	répondre	さんぽ	promenade

8 Racontez chaque scène en utilisant les deux verbes きく et こたえる (a), puis traduisez en français les phrases obtenues (b).

1. a. ....

....

b. ....

....

2. a. ....

....

b. ....

....

3. a. ....

....

b. ....

....

Pour la citation indirecte (*dire que, répondre que…*), on utilise la même particule と, mais à l'écrit sans crochets, et avec une contrainte : devant と, on ne doit employer que des formes réduites. Si dans la partie citée il est question d'une personne faisant une action, ce sera obligatoirement la particule が qui sera employée, jamais は.

Banque de mots

アナウンサー	présentateur (télé)
こうそくどうろ	autoroute
じこ	accident
しらせ	nouvelle
きく	entendre

9 **Insérez dans la phrase la citation indirecte en opérant les transformations nécessaires.**

1. Le présentateur a dit qu'il y avait eu un grave accident sur l'autoroute.
Citation : 「こうそくどうろ　で　おおきい　じこ　が　ありました。」
アナウンサー　は ………………………………………… と　いいました。

2. Mon père a répondu que Monsieur Takahashi ne viendrait pas.
Citation : 「たなかさん　は　きません。」
ちち　は ………………………………………… と　こたえました。

3. Mon oncle, à l'annonce de (entendant) cette nouvelle, m'a dit qu'il était très heureux.
Citation : 「とても　うれしい　です。」
おじさん　は、その　しらせ　を　きいて、
………………………………………… と　いいました。

Pour tous les verbes qui permettent d'exprimer un acte de penser, le contenu de la pensée est traité comme une citation indirecte, avec les mêmes contraintes : utilisation de と et forme réduite.

Ex. : おもう *penser que… / trouver que… / croire que…*
きめる *décider de…*
せつめい　する *expliquer que…*

Banque de mots

あめ	pluie
ふる	tomber (pluie, neige...)
テスト	examen

10 Traduisez en japonais.

1. Je pense qu'il va pleuvoir.

....

2. Nous avons décidé d'aller tous ensemble en voyage en Chine.

....

3. Je trouve que l'examen d'hier n'était pas tellement difficile.

....

Félicitations !

Vous êtes venu à bout du chapitre 2 ! Il est maintenant temps de comptabiliser les icônes et de reporter le résultat en page 128 pour l'évaluation finale.

3

Écrire en kanji les verbes et les adjectifs en -い

À partir de ce chapitre, vous allez trouver souvent des kanji (cf. Introduction page 4).

- L'écriture des noms en kanji ne pose pas de problème... sauf celui de les apprendre ! Du fait qu'ils sont invariables, un kanji (ou deux, rarement trois) suffi(sen)t.
  Ex. : *kanji* かんじ ➜ 漢字. Cette graphie sera utilisable dans tous les contextes.
- Le cas est différent pour les verbes et les adjectifs en -い, qui sont variables, et seront donc notés par un kanji correspondant à une partie fixe, suivi d'un ou plusieurs hiragana correspondant à la partie variable (les okurigana « *kana d'accompagnement* »).
  Ex. : le kanji qui signifie *un pas, la marche* sert à noter le verbe *marcher* : 歩**く**、歩**きます**、歩**いて**...

  Le kanji 歩 correspond à la partie fixe ある-, et les hiragana à la partie variable -く, -きます, -いて.
- **À noter :** les verbes les plus usuels comme ある, いる, する s'écrivent aujourd'hui toujours en hiragana, bien qu'il existe des kanji pour les noter.

Commençons par les verbes de type 2, pour changer !

- Le cas le plus fréquent : un kanji pour la partie fixe + des okurigana (cf. exemple ci-dessus). Mais... ce serait trop simple !
- Il y a une exception : pour les verbes appartenant à une paire transitif/intransitif alternance A/E (cf. *Cahier d'exercices Débutants*, chapitre 11), on doit noter le hiragana qui termine la partie fixe, afin qu'il n'y ait pas de confusion.
  Ex : *décider :* きめる (type 1) / (quelque chose) *se décide :* きまる (type 2).
  Si on écrit seulement *決る on ne sait pas de quel verbe il s'agit. Il faut donc écrire 決める / 決まる.

1 Remplissez le tableau suivant en écrivant les bonnes formes.

verbe	kanji à utiliser	forme du dictionnaire	forme négative en -ない	forme en -ます	forme en -て
1. lire (よむ)	読				
2. acheter (かう)	買				
3. fabriquer (つくる)	作				
4. parler (はなす)	話				
5. penser (おもう)	思				
6. quelque chose se décide (きまる)	決				
7. vendre (うる)	売				
8. aller (いく)	行				

Dans le cas des verbes de type 1, c'est un peu plus diversifié…

- Pour les verbes (rares) dont la forme du dictionnaire comporte seulement deux syllabes : un kanji + des okurigana.
  Ex. : *sortir* ➜ でる ➜ 出る　出ます　出た…
- Pour les verbes dont la forme du dictionnaire comporte plus de deux syllabes, il est d'usage d'écrire après le kanji la syllabe en **e** ou en **i**.
  Ex : *manger* ➜ たべる ➜ 食べる　食べます　食べた.

Comparez みる ➜ 見る (*regarder*) et みせる ➜ 見せる (*montrer*).

- Une exception notable : *être audible* ➜ きこえる ➜ 聞こえる.

2 Remplissez le tableau suivant en écrivant les bonnes formes.

verbe	kanji à utiliser	forme du dictionnaire	forme négative en -ない	forme en -ます	forme en -て
1. regarder (みる)	見				
2. être visible (みえる)	見				
3. oublier (わすれる)	忘				
4. mettre dans (いれる)	入				
5. commencer (quelque chose) (はじめる)	始				
6. se lever (おきる)	起				
7. montrer (みせる)	見				
8. manger (たべる)	食				

Voici maintenant un cas bien spécial, celui du verbe くる *venir*. Ce verbe n'a pas de forme fixe : son radical peut être く, こ ou き selon les formes. Donc le kanji 来 va représenter trois prononciations (ou « lectures ») différentes : く pour la forme du dictionnaire, こ pour la forme en -ない, et き pour les autres formes.

3 Écrivez en hiragana les formes suivantes.

1. 来ました ....
2. 来て ....
3. 来る ....
4. 来ない ....
5. 来た ....

Certains verbes homonymes se distinguent, pour leur forme du dictionnaire, par le kanji qui sert à les écrire, et aussi, s'ils ne sont pas du même type, par les okurigana.

Banque de mots

変える（かえる）	transformer (type 1)
替える(かえる)	échanger/changer (type 1)
帰る(かえる)	rentrer à la maison (type 2)
着る(きる)	enfiler un vêtement (type 1)
切る（きる）	couper (type 2)
いる	se trouver (type 1, pas de kanji)
要る(いる)	être nécessaire (type 2)

Banque de mots

ちかく	proximité
はくちょう	cygne
リビング	salle de séjour

4 Traduisez en japonais, en écrivant le verbe à l'aide du kanji et des okurigana appropriés.

1. Tous les soirs, il rentre à la maison à 6 heures et demie.

....

2. Il y a de superbes cygnes dans le parc d'à côté.

....

3. Elle a coupé le gâteau en quatre.

....

4. Veuillez me changer mon argent de yens en euros, s'il vous plaît.

....

5. Pour la Russie, faut-il un passeport (un passeport est-il nécessaire) ?

....

6. Nous avons transformé la salle de séjour en chambre d'enfant.

....

7. Ma petite sœur porte toujours des t-shirts adorables.

....

Le système est le même pour les adjectifs en -い. La variation est l'alternance -い / -く, car toutes les formes autres que celle du dictionnaire sont faites à partir de la forme en -く.
La partie fixe est notée par un kanji, suivi des hiragana pour la partie variable.
Ex. : *être cher/haut* たかい ➜ 高い / 高く ; *n'est pas cher/haut* 高くない ;
était cher/haut 高かった* ; n'était pas cher/haut 高くなかった.
* Petit rappel : -かった, suffixe du passé, vient de く + あった.

Attention : un certain nombre d'adjectifs en -い se terminent par -しい.
Le し doit être écrit. Ex. : *être neuf/nouveau* あたらしい ➜ 新しい / 新しく

Deux cas particuliers : *être grand* et *être petit*, pour lesquels il faut écrire le kana qui précède le -い : おおきい ➜ 大きい / 大きく ; ちいさい ➜ 小さい / 小さく

Certains adjectifs très usuels sont le plus souvent écrits en hiragana, bien qu'il existe des **kanji** pour les noter : おいしい *(être bon au goût)*, おもしろい *(être intéressant)*, et surtout いい *(être bon/bien)* et son doublet よい.

5 **Remplissez le tableau suivant en écrivant les bonnes formes (formes réduites).**

adjectif	kanji	forme du dictionnaire	forme négative	forme passée	forme passée négative
1. être froid (さむい)	寒				
2. être petit (ちいさい)	小				
3. être loin (とおい)	遠				
4. être vieux (ふるい)	古				
5. être agréable (たのしい)	楽				
6. être long (ながい)	長				
7. être grand (おおきい)	大				
8. être neuf (あたらしい)	新				

À partir de maintenant, les mots dont les kanji ont été présentés seront écrits à l'aide de ces kanji.

Félicitations !

Vous êtes venu à bout du chapitre 3 ! Il est maintenant temps de comptabiliser les icônes et de reporter le résultat en page 128 pour l'évaluation finale.

4

Phrases complexes (1)

Une phrase peut être composée de plusieurs propositions. Il existe donc des relateurs, dont la fonction est d'indiquer le rapport entre ces propositions. Selon les relateurs, il y a ou non une contrainte sur la forme du mot variable qui termine les propositions non finales.

Les relateurs が, し et けれども n'entraînent aucune contrainte : on peut utiliser la forme réduite ou la forme de la série -ます.

- Le relateur し sert à indiquer une accumulation de faits (« *et en plus...* »). C'est le seul cas où l'on peut trouver dans la même phrase plusieurs propositions terminées par le même relateur.
- Le relateur けれども sert à exprimer l'opposition qu'on veut mettre entre deux faits (« *bien que...* »). Dans un style familier, il peut prendre les formes けれど et けど.
- Le relateur が correspond au *mais* français dans deux emplois : dans le cas d'une vraie restriction, ou dans des formules comme « *excusez-moi, mais...* »

Banque de mots

いそがしい	être occupé, être chargé
あたま	tête
いっしょけんめい	de toutes ses forces, de son mieux

さがす	chercher
みつかる	être trouvé
やくそく	rendez-vous
いちにち	une journée, un jour

1 Traduisez en français.

1. とても　いそがしい　けど、　まいにち　一時間　ジョギング　を　して　いる。

....

2. キリク　は　小さい　けど、　あたま　が　いい　です。

....

3. ゆびわ　を　いっしょけんめい　さがしました　が、みつかりません　でした。

....

4. あした　は　かいぎ　が　ある　し、　やくそく　も　ある　し、
いそがしい　いちにち　に　なる。

....

Banque de mots

しょくじ	repas	にんき	réputation
お-てあらい	les toilettes	たんじょうび	anniversaire
そと	dehors	パーティー	fête
ハンサム	élégant		

2 Écrivez le bon relateur à la place des pointillés, puis traduisez les phrases en français.

1. にほんご　が　よく　わかります ....、えいご　は　あまり　できません。

....

2. おいしい ....、やすい ....、いつも　この　レストラン　で　しょくじ　を　します。

....

3. すみません ....、お-てあらい　は　どこ　です　か。

....

4. あめ　が　ふって　いる ....、こどもたち　は　げんき　に　そと　で　あそんで　いる。

....

5. みやさかさん　は　ハンサム　です ....、あたま　が　いい　です ....、しんせつ　です ....、とても　にんき　が　あります。

....

6. じかん　が　ない ....、ちかこさん　の　たんじょうび　の　パーティー　に　行った。

....

7. はる　は　すき　です ....、なつ　は　きらい　です。

....

Banque de mots

しまる	être fermé
たいへん	(adj.) terrible, affreux (adv.) très, terriblement
バイオリン	violon

なかなか	plutôt, pas vraiment [+ négation]
じょうず	habile, adroit

3 Traduisez en japonais.

1. Je suis sorti (suis allé) pour faire [し　に] des courses, mais les magasins étaient fermés.

2. Cet été (l'été de cette année) a été très chaud, en plus il a plu tous les jours, c'était affreux.

3. Bien que la fille de mes voisins (de la maison voisine) fasse tous les soirs ses exercices de violon, elle ne fait pas beaucoup de progrès (ne devient pas vraiment habile).

Le relateur から sert à se justifier, en expliquant la raison qui a amené la situation exprimée dans la proposition finale : *parce que, comme, puisque*. Aucune contrainte devant から : on peut utiliser la forme réduite ou la forme de la série -ます.

Banque de mots

アルバイト／バイト	job, travail temporaire

4 **Fusionnez les deux phrases grâce à un relateur (a), puis traduisez le résultat obtenu (b).**

1. あめ　が　ふって　います。でかけません。

a. ……………………………………

b. ……………………………………

2. にほんご　は　とても　おもしろい　です。いっしょけんめい べんきょう　します。

a. ……………………………………

b. ……………………………………

3. よく　ドイツ　に　行きます。ドイツご　を　べんきょう　して います。

a. ……………………………………

b. ……………………………………

4. なつやすみ　です。アルバイト　を　します。

a. ……………………………………

b. ……………………………………

Un autre relateur permet d'exprimer la cause : ので. Très proche de から, il met plutôt l'accent sur l'aspect objectif de la relation de cause : *étant donné que, dans la mesure où, parce que, comme, puisque…*

En japonais « correct », il y a des contraintes pour la forme du verbe ou de l'adjectif qui précède ので :

- le verbe et l'adjectif en **-i** doivent être à la forme réduite.
- l'adjectif invariable doit toujours être suivi d'une forme de だ. Devant ので on emploie la particule な, comme dans le cas de l'adjectif épithète : …たいせつ　**な**　ので, *étant donné que c'est important…*
- de même, si ce qui précède ので est un nom suivi d'une forme de だ, c'est な qui est employé : ふゆ　**な**　ので…, *comme c'est l'hiver…*

Mais… vu la proximité de sens de から et de ので, la première condition (et parfois les deux autres) n'est pas toujours respectée, surtout à l'oral.

Banque de mots

いなか	campagne
かんこうきゃく	touriste
おおい	être nombreux
こむ	être plein
びょうき	maladie, malade (adj.)

5 **Mettez à la bonne forme le mot ou le groupe de mots entre parenthèses, puis traduisez la phrase.**

1. いなか　の　おば　が　(来る) .... ので　いっしょ　に かぶき　を　見ました。

....

2. ユーロ　が　(高い) .... ので　フランス　りょこう が　できません。

....

3. パリ　は　(ゆうめい　です) .... ので　かんこうきゃく の　バス　が　おおい。

....

4. (にちようび　です) .... ので　どこか　に　あそび に　行きません　か。

....

5. みち　が　(こんで　いました) .... ので　かいぎ　に おくれました。

....

6. こども　が　(びょうき　です) .... ので　はやく 帰ります。

....

Il existe un relateur extrêmement simple, qui peut remplacer tous ceux que nous venons de voir. Il s'agit de la forme en -て des verbes et des adjectifs. Elle peut permettre d'exprimer :

- une accumulation de faits qui se succèdent
- la cause ou la raison
- l'opposition

En fait, -て lui-même n'a pas de signification, il sert juste à indiquer qu'il y a un rapport entre ce qui précède et ce qui suit, c'est la comparaison du contenu des propositions qui permet de déduire quel est ce rapport.

Ex. : あさ　九時　に　おき**て**、あさごはん　を　食べ**て**、シャワー　を　あび**て**、十時　に　うち　を　出ます。
Le matin je me lève à 9 heures, je prends mon petit déjeuner, je prends ma douche et je quitte la maison à 10 heures.
日本　の　ともだち　が　来**て**、とても　うれしかった。
(comme, parce que) Mes amis japonais sont venus, je suis vraiment heureuse.

Banque de mots

しょくじ	repas
ねる	se coucher
食べすぎる	trop manger
おなか	ventre
いそがしい	être occupé, être pressé
はなし	conversation, discours
かりる	emprunter
さいご	fin, terme
ぐうぜん	par hasard
かさ	parapluie
ちかてつ	métro

6 Traduisez en japonais en utilisant la forme en -て.

1. Hier soir je suis allé avec un ami au cinéma, puis nous avons dîné, je suis rentré à la maison et je me suis couché à 11 heures.

2. Le gâteau que maman a fait était délicieux, et comme j'en ai trop mangé, j'ai eu mal au ventre.

3. Allant au musée, j'ai rencontré par hasard ma tante mais, comme elle était pressée, nous n'avons pas pu parler.

   …… あいました　が、

4. Le livre que j'ai emprunté à mon ami étant complètement inintéressant, je ne l'ai pas lu jusqu'au bout.

5. J'ai acheté un nouveau parapluie mais je l'ai oublié dans le métro, j'ai été déçu.

   …… 買った　が、……

6. L'examen n'est pas à [partir de] 10 heures, mais [il est] à [partir de] 9 heures.

Pour le mot だ, il existe une forme qui joue le même rôle que la forme en -て : で. Comme la forme en -て, elle peut prendre plusieurs valeurs selon le sens de ce qui précède et de ce qui suit :
- exprimer divers aspects de la même réalité
- exprimer la cause ou la raison

Ex. : きょう　は　にちようび　**で**、やすみ　です。
Aujourd'hui [comme] c'est dimanche, c'est un jour de congé.

Banque de mots

かた	une personne (équivalent poli de ひと)
いがくぶ	faculté de médecine
ファン	fan

7 Fusionnez les deux phrases grâce à un relateur (a), puis traduisez le résultat obtenu (b).

1. あの　かた　は　いけださん　の　むすこさん　です。いがくぶ　の　がくせい　です。

   a. ....

   b. ....

2. すうがく　の　せんせい　は　とても　しんせつ　です。むすめ　は　せんせい　の　ファン　に　なりました。

   a. ....

   b. ....

Banque de mots

ころぶ	tomber, chuter
おる	rompre, casser

8 **En vous aidant du texte français, complétez les pointillés avec les éléments nécessaires.**

Les vacances de la famille Maeda

Nous sommes allés à la montagne mais comme il n'y avait pas de neige, nous n'avons pas pu faire de ski. C'était dommage mais nous avons passé le temps en jouant aux cartes en famille au chalet et en écoutant de la musique. Le lendemain, comme il avait neigé, nous avons fait du ski mais mon fils est tombé, il s'est cassé une jambe, ce fut une terrible journée.

まえだ　かぞく　の　やすみ

やま　に　行きました　が　ゆき　が **1**............................/..............................、スキー　が　できません　でした。　ざんねん　でした **2**..........................、かぞく　で　やまごや　で　トランプ　を **3**..........................、おんがく　を **4**..........................、じかん　を　つぶしました。つぎ　の　ひ　は　ゆき　が　ふった **5**.......................... スキー　を　しました **6**..........................　むすこ　が **7**..........................、あし　の　ほね　を **8**..........................たいへん　な　いちにち　でした。

Félicitations !

Vous êtes venu à bout du chapitre 4 ! Il est maintenant temps de comptabiliser les icônes et de reporter le résultat en page 128 pour l'évaluation finale.

5

Le corps et les adjectifs de sensations

Banque de mots

あたま	頭	tête	は	歯	dent(s)
め	目	œil/yeux	みみ	耳	oreille(s)
はな	鼻	nez	くび	首	cou
くち	口	bouche	かみ	髪	cheveux

1 **Après avoir étudié la Banque de mots, et sans la regarder, écrivez en hiragana le nom approprié, puis vérifiez vos réponses à l'aide de la Banque. Répétez l'exercice autant de fois qu'il faut jusqu'à ne plus vous tromper. Si vous le souhaitez, faites le même exercice avec les kanji.**

1. ....

2. ....

3. ....

4. ....

5. ....

6. ....

7. ....

8. ....

Banque de mots

かた	肩	épaule	て	手	main
うで	腕	bras	ゆび	指	doigt
むね	胸	poitrine	せなか	背中	dos
おなか	お腹	ventre	おしり	お尻	fesses
あし	足	jambe/pied			

2 Après avoir étudié la Banque de mots, et sans la regarder, écrivez le nom approprié en kana et, si vous le souhaitez, en kanji. Vérifiez vos réponses à l'aide de la Banque. Répétez l'exercice autant de fois qu'il faut jusqu'à ne plus vous tromper.

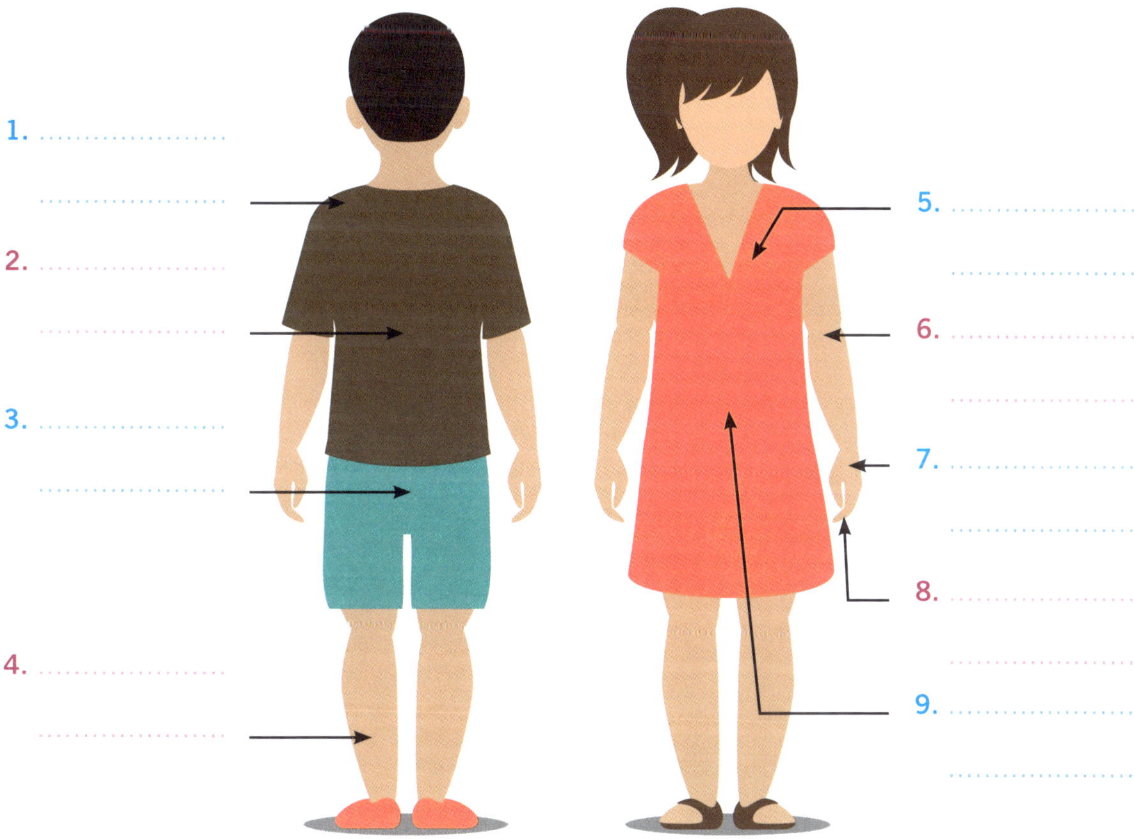

Banque de mots

しんぞう	cœur (organe)
じんぞう	rein
い	estomac
かんぞう	foie
ちょう	intestin
のう	cerveau
のど	gorge

3 **Après avoir étudié la Banque de mots, reliez le mot français et le mot japonais qui correspond, puis vérifiez vos réponses à l'aide de la Banque.**

le cerveau •	• じんぞう
les reins •	• かんぞう
le cœur •	• のど
la gorge •	• しんぞう
l'estomac •	• ちょう
le foie •	• い
l'intestin •	• のう

Banque de mots

あつい	être (trop) chaud
あたたかい	être d'une chaleur agréable
かゆい	qui démange

4 **Écrivez sous chaque dessin l'adjectif qui convient.**

a. .... b. .... c. .... d. .... e. ....

Pour décrire des sensations, par exemple à un médecin, le japonais utilise des mots descriptifs (dits « impressifs ») dont les sons essaient de rendre compte de ce qui se passe dans le corps. Ce mot est alors suivi du verbe する.

Banque de mots

ガンガン	la tête qui cogne (mal de tête)
ズキズキ	une dent qui lance fortement (mal de dents)
チクチク	un œil qui pique (mal à l'œil)

5 Traduisez en japonais.

1. J'ai un violent mal de tête.

....

2. J'ai affreusement mal aux dents.

....

3. Mon œil gauche me pique.

....

Beaucoup de sentiments sont eux aussi exprimés par des impressifs, dont les sons tentent de rendre ce qu'une situation émotionnelle provoque comme réaction du corps. L'impressif est encore une fois suivi du verbe する.

Banque de mots

イライラ　する	être en colère, énervé
ワクワク　する	avoir le cœur qui frémit d'impatience
ドキドキ　する	avoir le cœur qui bat d'émotion
がっかり　する	être déçu

6 Traduisez en japonais.

1. J'ai été déçu.

....

2. Il est énervé.

....

3. Nous sommes impatients.

....

4. J'étais très ému.

....

Attention : de nombreux adjectifs désignent à la fois l'état d'un objet et la réaction que cet état provoque chez une personne.

Ex. : さびしい désigne à la fois l'état d'un lieu, par exemple *être désert/reculé/solitaire*, et le sentiment que pourrait ressentir une personne dans un tel lieu (*se sentir seul/esseulé/triste*).

Banque de mots

こわい	faire peur, avoir peur
うれしい	rendre heureux, être heureux
かなしい	rendre triste, être triste
おそろしい	être effrayant, être effrayé

7 Associez le sentiment à l'émoji correspondant.

1. おそろしい •　　　a • 
2. うれしい •　　　b • 
3. かなしい •　　　c • 
4. こわい •　　　d • 

Félicitations !

Vous êtes venu à bout du chapitre 5 ! Il est maintenant temps de comptabiliser les icônes et de reporter le résultat en page 128 pour l'évaluation finale.

6

La désignation de la personne
Les particules finales

Le français utilise sans cesse des pronoms personnels, indispensables à la conjugaison des verbes. Le japonais n'a rien de tel, mais il existe cependant des termes pour se désigner soi-même, donc équivalents de *je, me, moi,* en cas de besoin. Il en existe plusieurs, le choix dépend du sexe du locuteur, et de sa relation à son interlocuteur.

Banque de mots

わたし	je, me, moi (plutôt neutre)
わたくし	je, me, moi (très formel)
あたし	je, me, moi (féminin, plutôt familier)
ぼく	je, me, moi (masculin, familier)
おれ	je, me, moi (masculin, très familier)

1 Choisissez parmi les termes listés dans le tableau ci-dessus celui ou ceux (réponses multiples) que peut utiliser M. Tamura dans les diverses situations présentées.

1. À l'université, il s'adresse à son professeur → ....
2. Plus tard, il s'adresse à des collègues au bureau → ....
3. Il s'adresse à son chef de service → ....
4. Il s'adresse à des copains → ....

Même chose pour Mme Ikeda.

5. À l'université, elle s'adresse à son professeur → ....
6. Plus tard, elle s'adresse à des collègues au bureau → ....
7. Elle s'adresse à son chef de service → ....
8. Elle s'adresse à des copines → ....

Ce genre de terme s'utilise dans le cas de l'emphase.
Ex. : 日本ご　が　できます。 *Je parle japonais.* (litt. : *le japonais est possible*)
わたし　は　日本ご　が　できます。 ***Moi****, je parle japonais.* (litt. : *en ce qui me concerne, le japonais est possible*, ce qui n'est peut-être pas le cas des autres)

2 Complétez le tableau.

1. un jeune garçon	J'y vais. 行く。	Moi, j'y vais. …………………………
2. une femme	Je travaille. はたらきます。	Moi, je travaille. …………………………
3. un homme	J'apprends l'anglais. **a.** ………………………… …………………………	Moi, j'apprends l'anglais. **b.** ………………………… …………………………

Un autre cas d'emploi de ces termes est celui du contraste, quand on compare deux situations opposées ou différentes, avec は. Ou au contraire quand on exprime une similarité avec も.
Ex. : あに　は　コーヒー　が　すき　で　は　ない。**わたし**　は　だいすき　です。 *Mon frère aîné n'aime pas le café.* ***Moi****, j'adore ça.*

Banque de mots

ギター	guitare

3 Insérez は ou も à l'endroit des pointillés, puis traduisez les phrases.

1. ともだち　は　テニス　を　します。あたし　……　します。

....

2. ちち　は　えいご　が　よく　わかります。
ぼく　……　ぜんぜん　わかりません。

....

3. いもうと　は　ピアノ　を　ひきます。
わたし　……　ギター　を　ひきます。

....

4. わたし　は　新しい　くつ　が　ほしい。あね　……　ほしい。

....

5. ふくはらさん　は　まいにち　ジョギング　を　して　いる。
おれ　……　して　いる。

....

Pour s'adresser à quelqu'un, c'est un peu plus complexe. Normalement, l'usage veut que l'on utilise le nom ou le prénom de cette personne suivi du suffixe -さん (ou autre, voir ci-dessous) ou, dans les milieux professionnels, de son titre. Il existe aussi des termes équivalant à *tu, te, toi, vous,* mais on ne les emploie que dans des cas bien précis, et, de toute façon, en situation de familiarité.

Banque de mots

ぶちょう	chef de service
きみ	tu, te, toi (masculin familier)
おまえ	tu, te, toi (masculin un peu vulgaire)
あなた	tu (très intime), ou vous (au sens très général : pubs...)

4 **Dans chaque bulle, cochez le terme approprié pour s'adresser à la personne désignée.**

1. mon médecin
- ☐ あなた
- ☐ たむらせんせい
- ☐ おまえ

2. un collègue
- ☐ いけださん
- ☐ あなた
- ☐ きみ

3. mon chef
- ☐ あなた
- ☐ たなかさん
- ☐ たなかぶちょう

Après le nom d'une personne, on doit toujours ajouter un suffixe. Celui-ci varie en fonction de l'âge de l'interlocuteur et de la relation entre les deux personnes.

Banque de mots

-さん	neutre, pour toutes les situations
-くん	affectif, s'emploie envers un petit garçon ou un ami
-ちゃん	affectif, s'emploie envers une petite fille, ou entre intimes

Souvent, -くん ou -ちゃん sont employés après un diminutif.
Ex. : la même petite fille さちこ, peut être appelée さちこ**さん**, さちこ**ちゃん**, ou par une version affective du prénom, un diminutif composé avec ちゃん : **さっちゃん**. On peut aussi employer de la même façon le nom de famille abrégé : たかだ**さん** ➜ たか**ちゃん**.

5 **Attribuez à chaque personnage les différents termes par lesquels on pourrait s'adresser à lui.**
(Une précision : les noms des personnages sont donnés dans l'ordre normal du japonais, nom de famille suivi du prénom.)

きむら　けんじ　　　たかだ　みか

けんちゃん
きむらさん
けんじくん
けんじさん
みかさん
たかださん
みかちゃん
たかちゃん
きむらくん

1. Pour le jeune homme ➜ ....

2. Pour la jeune fille ➜ ....

On observe donc une dissymétrie. À part les cas vus aux exercices 2 et 3, le locuteur n'emploie aucun mot pour parler de lui même.

Banque de mots

する	(faire) ➜ se décider pour
これから	maintenant, à partir de maintenant

6 Traduisez en japonais.

1. [Je parle à mon amie Yukiko] :
Je prends une pizza. Et toi ? – Moi aussi.

………………… に　する。 ………………… 。 …………………

2. [Je parle à mon chef M. Tamura] :
Votre maison <u>est</u> loin d'ici ? – Non, elle <u>est</u> tout près.

…………………………………………… 。 …………………

3. [Je parle à mon ami Ikeda, au milieu d'un groupe d'amis] :
Et toi, tu vas où en vacances ? – En Italie.

…………………………………………… 。 …………………

4. [Je suis un professeur, je parle à mon collègue Satô] :
Maintenant je <u>vais rentrer</u> en train à la maison. Et vous ?

…………………………………………… 。 …………………

Le japonais est riche en particules dites « finales », qui, comme leur nom l'indique, s'emploient à la fin des phrases pour préciser dans quelle attitude se trouve le locuteur vis-à-vis de ce qu'il dit. C'est ce qu'on fait en français en utilisant des intonations différentes.

- なあ s'emploie dans un monologue, exprimé ou pensé, comme une sorte de point d'exclamation. On se parle à soi-même, même si on le dit tout haut. Suit toujours une forme réduite.
- ね / ねえ : le locuteur pense que son interlocuteur est d'accord avec lui, mais il le lui demande tout de même.
- Avec よ, le locuteur affirme son idée, en cherchant à persuader son interlocuteur.

Ex. : pour la même phrase « c'est bon » おいしい (です), on a donc trois possibilités :
- おいしい　なあ *Mmm ! Comme c'est bon !* [je parle tout seul]
- おいしい　(です)　ね *C'est bon, hein !* [c'est ce que je pense, et vous ?]
- おいしい　(です)　よ *C'est bon !* [pas de problème, vas-y mange, tu vas voir !]

Banque de mots

てんき	temps (météorologique)

7 Complétez les bulles en insérant la bonne particule finale.

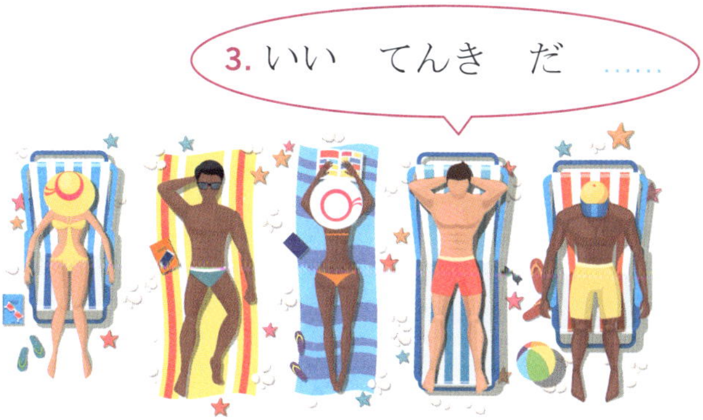

8 Reliez la phrase japonaise et son équivalent français.

1. ぎんこう　は　あそこ　です　よ。•
2. えいが　は　おもしろかった　ね。•
3. よかった　なあ。•
4. きれい　だ　ね。•
5. えき　の　まえ　です　よ。•
6. ぎんこう　は　あそこ　です　ね。•
7. きれい　だ　なあ。•
8. この　ほん　は　おもしろい　よ。•
9. えき　の　まえ　です　ね。•
10. よかった　ね。•

- • a. C'est beau ça, hein !
- • b. Que c'est beau !
- • c. C'est vraiment intéressant, ce livre.
- • d. C'était bien, ce film, n'est-ce pas ?
- • e. Qu'est-ce que c'était bien !
- • f. C'était bien, hein !
- • g. C'est bien devant la gare, n'est-ce-pas ?
- • h. C'est devant la gare.
- • i. La banque, c'est là-bas.
- • j. C'est bien là-bas, la banque, hein !

Félicitations !

Vous êtes venu à bout du chapitre 6 ! Il est maintenant temps de comptabiliser les icônes et de reporter le résultat en page 128 pour l'évaluation finale.

7
Dépendance entre deux actions / états

Des expressions, permettant d'indiquer la relation de dépendance entre deux actions ou états, sont constituées par une forme verbale (plus rarement un adjectif) suivie d'une particule.

- La combinaison de la forme en -て d'un verbe avec la particule から sert à exprimer qu'une action B doit être faite avant de réaliser l'action A, qui est la principale : *faire A après avoir fait B.*

  Ex. : 手 を あらって **から** (B) しょくじ を します (A)。
  On se met à table [fait son repas] (A) ***après s'être lavé*** *les mains* (B).

- La combinaison de la base (le verbe sans le -る final) des verbes de type 1 ou de la forme en -い des verbes de type 2 (dans la forme du dictionnaire le う est remplacé par い) et d'une particule -ながら exprime la simultanéité de deux actions : *faire A en même temps que B.* L'action principale étant celle exprimée par le verbe final (A).

  Ex. : テレビ を 見**ながら** (B) しょくじ を します (A)。
  Je déjeune [fais mon repas] (A) ***en regardant*** *la télé* (B).

- La combinaison d'une forme en -た avec une particule まま exprime la coexistence d'une action A et d'un état B. Le principal étant l'action A : *faire l'action A tout* ***en conservant l'état*** *B.*

  Ex. : おじいさん は くつした を はいた **まま** (B) ねます (A)。
  Mon grand-père dort (A) *avec ses chaussettes* [litt. : *en conservant l'état d'avoir mis ses chaussettes*] (B).

Deux remarques très importantes : dans les trois cas, ce doit être obligatoirement la même personne qui est concernée par A et par B.

Ce type de construction peut tout à fait se trouver dans une proposition déterminante.

I Pour des raisons de sens, ces expressions ne sont pas possibles pour tous les verbes (le X signale ces formes impossibles). Remplissez les cases vides en composant ces expressions pour les verbes auxquels elles peuvent convenir.

	-て　から	ながら	まま
食べる	1.	2.	X
読む	3.	4.	5.
帰る	6.	X	X
入れる	X	X	7.
出る	8.	X	9.
のる	X	X	10.
見る	11.	12.	X
かりる	13.	X	14.
あるく	X	15.	X
うたう	X	16.	X
着る	X	X	17.
見せる	X	18.	X

Banque de mots

さくぶん	dissertation, rédaction
ふく	vêtement
かぎ	clé
ポケット	poche

2 En vous aidant de la traduction française, réunissez les deux phrases en une seule.

1. J'ai fait ma dissertation après avoir lu les livres que j'avais empruntés à la bibliothèque.

としょかん　から　かりた　ほん　を　読む。さくぶん　を　かきました。

2. Il marche dans la rue en chantant.

うた　を　うたう。みち　を　あるく。

3. Je vais lui téléphoner une fois rentré à la maison.

うち　に　帰る。でんわ　します。

4. Elle a nagé tout habillée.

ふく　を　着る。およぎました。

5. Il a donné les explications en montrant les photos.

しゃしん　を　見せる。せつめい　した。

6. J'ai lavé mon jean avec mes clés dans la poche.

かぎ　を　ポケット　に　入れる。ジーンズ　を　あらって　しまった。

Banque de mots

アメリカじん	un/une/des Américain(e)(s)
ポップコーン	pop-corn
だいがく	université
コンタクトレンズ	lentilles de contact
つける	appliquer, mettre

3 **Traduisez en japonais les phrases 1 et 3, et en français les phrases 2, 4 et 5.**

1. Les Américains regardent souvent les films en mangeant du pop-corn.

....

2. 買った　まま　読んで　いない　ほん　が　たくさん　あります。

....

3. J'ai remis au professeur la dissertation que j'ai écrite après avoir lu les livres de la bibliothèque.

....

4. アルバイト　を　しながら　だいがく　で　べんきょう　して　います。

....

5. コンタクトレンズ　を　つけた　まま　ねて　しまった。

....

Félicitations !

Vous êtes venu à bout du chapitre 7 ! Il est maintenant temps de comptabiliser les icônes et de reporter le résultat en page 128 pour l'évaluation finale.

8
Multiples emplois de la particule の

Outre celui de relier deux noms, la particule の a de multiples usages ou s'emploie dans des contextes variés.

1 Un premier emploi pourrait être qualifié de « **pronominal** ». の sert alors à remplacer un nom déjà cité.
Ex. : あかい **はな** を 買った。きいろい **の** も 買った。
J'ai acheté des fleurs rouges, j'en ai acheté aussi des jaunes.

の remplace ici le mot はな, cité dans la phrase précédente. Il reçoit, comme le ferait le nom, un adjectif déterminant ou un verbe ou toute une proposition.
La structure « déterminant + **nom** + particule » devient « déterminant + **の** + particule ».
Attention, dans le cas d'un adjectif invariable, à ne pas oublier le な.

Banque de mots

どうぶつえん	zoo		
ラジオ	radio	うるさい	bruyant, gênant

I Traduisez en japonais.

1. Au zoo il y a de gros animaux. Il y en a aussi de petits.

....

2. J'ai écouté à la radio des musiques désagréables. J'en ai aussi écouté des calmes.

....

3. Bien que dans ce magasin ils vendent des vins chers, de temps en temps ils en vendent aussi de bon marché.

....

4. Pour ce qui est des films qu'on passe à la télé, il y a des films intéressants, mais il y en a aussi de vraiment nuls (qui ne sont pas intéressants).

.... やって いる ....

5. Parmi ces livres, il y en a que j'ai achetés et d'autres que j'ai empruntés.

....

2 の peut aussi être utilisé dans sa fonction la plus courante : **relier deux noms**. Mais le deuxième nom, qui devrait le suivre, est élidé (supprimé) s'il a déjà été utilisé précédemment.

La structure « nom + の + **nom** + particule » devient « nom + の + particule ».

Ex. : Tシャツ　は　五百円　の　と　千円　の　が　ありますす。

Les t-shirts, il y en a à 500 yens et d'autres à 1 000 yens.

Normalement, après les deux の, on aurait dû trouver le mot Tシャツ.

Banque de mots

おとな	un adulte

2 **Reconstituez la ou les phrases dont les mots sont mélangés dans les bulles et traduisez-la/les en français, sachant qu'il y a parfois plusieurs possibilités.**

1. は　こども　おとな　は　ここ　です　の
の　ふく　です　。　あそこ　。　は

2. 小さい　わたし　の　とけい　は　が　の
たなかさん　は　大きい　です　です　、　。

3. おいしい　スイス　の　は　ベルギー　です。
おいしい　も　チョコレート　です　の　。

4. です　その　か　は　どこ　とけい　の　。

1. ....

....

2. ....

....

3. ....

....

4. ....

....

3 の peut aussi servir à créer une **apposition**. Les deux noms de chaque côté de の se réfèrent à la même réalité, mais vue sous deux angles. Cette unique structure peut correspondre à diverses possibilités en français.

Ex. : 日本じん　の　ともだち。 Je parle d'une personne qui est mon ami → ともだち et cet ami est japonais → 日本じん : 日本じん　の　ともだち *mon ami japonais.*

Banque de mots

さっきょくか	compositeur
まつ	pin
き	arbre
ははおや	mère

3 Traduisez en français.

1. ともだち　の　ジムさん → ....
2. ぞう　の　ババール → ....
3. さっきょうくか　の　たけみつ → ....
4. まつ　の　き → ....
5. ははおや　の　わたし → ....

4 Enfin, の peut s'utiliser à la place de か pour marquer une **interrogation**, mais toujours dans une situation de grande familiarité. Il sera donc obligatoirement précédé d'une forme réduite.

4 **Traduisez, pour chaque cas représenté, la question « Où es-tu / êtes-vous allé(s) ? »**
Attention : plusieurs réponses possibles.

1.

2.

1. ....

2. ....

3.

4.

3. ....

4. ....

Félicitations !

Vous êtes venu à bout du chapitre 8 ! Il est maintenant temps de comptabiliser les icônes et de reporter le résultat en page 128 pour l'évaluation finale.

9
Phrases complexes (2)

Plusieurs relateurs servent à exprimer une relation temporelle entre deux propositions.

1 **Deux faits simultanés :** とき（は） *quand, au moment où*, qui insiste sur un instant du temps fixé pour le premier fait, et あいだ　に *pendant que, alors que*, qui insiste sur la durée du premier fait.

Dans les deux cas, le relateur ne peut être précédé que d'une forme réduite. Dans le cas de とき, il n'y a pas d'autre contrainte. Pour あいだ　に, ce sera bien sûr toujours une forme −て　いる ou −て　いた.

Banque de mots

じしん	tremblement de terre
おこる	se produire, arriver
わたす	remettre, donner
なる	sonner

とまる	séjourner
きんかくじ	le Pavillon d'or
けんぶつ　する	visiter (faire la visite)

I **Réunissez les deux phrases proposées en une seule, en utilisant le relateur adéquat, puis traduisez-la en français.**

1. 日本　に　行きました。じしん　が　おこった。

....

....

2. おかださん　に　あいます。この　プレゼント　を　わたして　ください。

....

....

3. りょうり　を　する。でんわ　が　なった。

....

....

4. きょうと　に　とまります。ぜひ　きんかくじ　を　けんぶつ　して　ください。

....

....

2 **La succession dans le temps :** まえ　に *avant que,* あと　で *après que*. Comme pour le cas 1, ils sont toujours précédés d'une forme réduite, et du fait de leur sens, toujours en -う/る pour まえ　に, toujours en -た pour あと　で.

Banque de mots

プール	piscine
じゅんび　たいそう	échauffement
やむ	cesser
ゆきだるま	bonhomme de neige
しゅっちょう	voyage d'affaires

2 Traduisez en japonais.

1. Au Japon, avant d'entrer dans la piscine, on fait tous ensemble un échauffement.

....

2. Avant d'aller en Italie, j'ai fait de l'italien avec Assimil.

....

3. Après que la neige eut cessé, les enfants sont sortis et ont fait un bonhomme de neige.

....

4. Après qu'il sera revenu de son voyage d'affaires, il partira tout de suite en voyage.

....

Banque de mots

ぼうし	chapeau, bonnet
かぶる	mettre sur sa tête
つめたい	être frais, froid
ふるえる	trembler

3 Choisissez le bon relateur et traduisez en français.

1. プール　に　はいる ………………、ぼうし　を　かぶって　ください。

……………………………………………………………………………………

2. プール　に　はいる ………………、いつも　ゆっくり　はいります。

……………………………………………………………………………………

3. プール　に　はいった ………………、よく　ビール　を　のむ。

……………………………………………………………………………………

4. プール　に　はいって　いた ………………、じしん　が　おこりました。

……………………………………………………………………………………

5. プール　に　はいった ………………、みず　が　つめたくて、ふるえました。

……………………………………………………………………………………

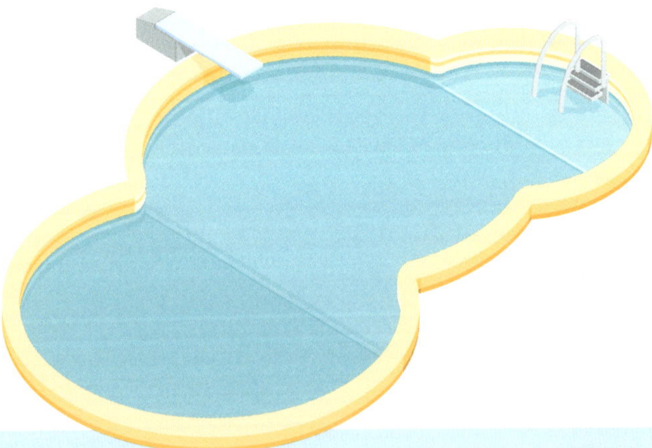

Félicitations !

Vous êtes venu à bout du chapitre 9 ! Il est maintenant temps de comptabiliser les icônes et de reporter le résultat en page 128 pour l'évaluation finale.

10

Écrire en katakana
Les noms des pays européens

La transcription des mots étrangers en katakana nécessite d'inventer des combinaisons qui n'existent pas pour les hiragana, et qui sont basées sur l'utilisation des voyelles en plus petits caractères. Si vous n'êtes encore pas familier de ces notations, reportez-vous au *Cahier d'écriture vol. 2.*

1 Transcrivez en katakana (entre parenthèses figure le mot anglais dont vient le mot japonais).

1.	fan (fan)		11.	fasshon (fashion)	
2.	tisshupêpâ (tissue paper)		12.	direkutâ (director)	
3.	disukaunto (discount)		13.	fîdobakku (feedback)	
4.	shefu (chef [cuisinier])		14.	fôramu (forum)	
5.	fesutibaru (festival)		15.	uedingu (wedding)	
6.	fôku (fork)		16.	chenji (change)	
7.	nonfikushon (nonfiction)		17.	goruden uîku (Golden week)	
8.	ûru (wool)		18.	jenerêshon (generation)	
9.	shêbâ (shaver)		19.	fairu (file)	
10.	jetto (jet)		20.	uisukî (whisky)	

Quand on transcrit un nom étranger complet de personne, pour rendre la lecture plus compréhensible, il est d'usage de mettre un point entre le prénom et le nom de famille.

2 **Transcrivez les noms propres suivants.**

1. Édith Piaf ....
2. Jean Gabin ....
3. Albert Einstein ....
4. Marie Curie ....

Voici les noms de tous les pays de l'Union européenne, plus quelques pays voisins. En général, la prononciation adoptée par le Japon est celle de l'anglais. Vous aurez peut-être quelques surprises !

3 **En face de chaque nom en japonais, mettez le nom en français, puis placez les numéros correspondants sur la carte de l'Europe en page suivante. Pour ce dernier point, corrigez avec un atlas.**

1.	ヨーロッパ		17.	クロアチア	
2.	イタリア		18.	エストニア	
3.	スペイン		19.	フランス	
4.	ポルトガル		20.	リトアニア	
5.	ギリシャ		21.	レトニア	
6.	ベルギー		22.	マルト	
7.	ドイツ		23.	オランダ	
8.	アイルランド		24.	ルーマニア	
9.	オーストリア		25.	スロバキア	
10.	デンマーク		26.	スロベニア	
11.	スウェーデン		27.	ルクセンブルク	
12.	フィンランド		28.	チェコ	
13.	ハンガリー		29.	イギリス	
14.	ポーランド		30.	アイスランド	
15.	ブルガリア		31.	ノルウエー	
16.	キプロス		32.	スイス	

4 **Écrivez les noms de ces pays en japonais, sans regarder l'exercice précédent !**

1. Suède ....
2. Allemagne ....
3. Luxembourg ....
4. Belgique ....
5. Chypre ....
6. Tchéquie ....
7. Pologne ....
8. Royaume-Uni ....
9. Roumanie ....
10. Finlande ....
11. Irlande ....
12. Autriche ....

Félicitations !

Vous êtes venu à bout du chapitre 10 ! Il est maintenant temps de comptabiliser les icônes et de reporter le résultat en page 128 pour l'évaluation finale.

11

Les verbes dérivés

De tous les verbes (sauf rares exceptions), on peut dériver trois autres verbes qui vont exprimer l'action vue sous des angles différents. Tous les verbes ainsi dérivés se terminent par -える et sont des verbes de type 1.

1 D'un verbe on peut dériver un autre verbe à valeur **potentielle**. C'est la façon d'exprimer la notion de *pouvoir, être capable de, savoir, arriver à** + verbe.
Ex. : かく *écrire* ➜ か**ける** *pouvoir, être capable d'écrire.*

* Par commodité, on utilisera ici un infinitif français pour traduire les verbes, mais il est évident que chaque forme signifie en réalité *je, tu, il, nous... elles, on...*

La construction correcte est d'utiliser la particule が pour préciser ce sur quoi porte cette capacité. Mais par contagion avec la construction du verbe de base, dans beaucoup de cas on continue à utiliser le を de complément d'objet.
Ex. : かんじ が「を」 たくさん **かけます。** *Je **peux (suis capable d') écrire** beaucoup de kanji.*

Pour les verbes de type 1, le -る final est remplacé par -られる : で**る** *sortir* ➜ で**られる** *pouvoir sortir.*

Pour les verbes de type 2, le -う de la syllabe finale est remplacé par -える : かく (kak**u**) *écrire* ➜ かける (kak**eru**) *pouvoir écrire.*

Exceptions :

- Pour le verbe する *faire*, on ne dérive pas : le verbe est remplacé par できる, qui signifie directement *être possible.*
- Pour くる, le dérivé potentiel est こられる.
- Le verbe ある a un dérivé potentiel, d'usage rare, surtout écrit, et employé le plus souvent à la forme négative, comme adjectif : ありえる *l'existence est possible.* ➜ ありえない *être impossible.*

1 Complétez le tableau.

verbe	verbe dérivé potentiel	traduction
1. おりる		
2. あう		
3. とぶ		
4. かりる		
5. べんきょう　する		
6. 買う		
7. こたえる		
8. 読む		
9. 食べる		
10. 作る		
11. 見る		
12. いう		

Banque de mots

テキスト	texte
じぶん	moi/toi... elles-même(s)
やくす	traduire
スポーツジム	salle de sport
chiffre かこく	chiffre + pays (ici : 4 pays)
じまん　する	s'enorgueillir, se vanter de
おぼえる	retenir, apprendre

2 **Remplacez le verbe en couleur par le dérivé potentiel à la forme qui convient (utilisez les formes réduites), puis traduisez les phrases.**

1. その　かんたん　な　テキスト　は　わたし　も　じぶん　で　やくす ……………………。

……………………………………………………………………

……………………………………………………………………

2. この　スポーツジム　は　こども　は　はいらない ……………………。

……………………………………………………………………

……………………………………………………………………

3. 「ぼく　は　よんかこくご　が　はなす ……………………。」と　よしのくん　が　じまん　して　いる。

……………………………………………………………………

……………………………………………………………………

4. この　みせ　で　は　二十四時間　ピザ　が　ちゅうもん　する ……………………。

……………………………………………………………………

……………………………………………………………………

5. ひらがな　は　かんたん　に　おぼえた …………………… が、かたかな　は　なかなか　おぼえない ……………………。

……………………………………………………………………

……………………………………………………………………

Banque de mots

ねこじた	litt. : langue de chat. Se dit de quelqu'un qui ne peut pas boire ni manger trop chaud
あつい	être (trop) chaud
おもいで	souvenirs
あげる	lever

3 Traduisez en japonais.

1. Comme moi je suis trop sensible au chaud, je ne peux pas boire de boissons trop chaudes.

....

2. Ma sœur aînée aime la musique, elle peut jouer du violon, et aussi du piano.

....

3. Le voyage que j'ai fait (où je suis allé) avec Tokuda en Irlande est un souvenir inoubliable (qu'on ne peut pas oublier).

....

4. Ceux qui ne savent pas nager, levez la main.

.... ひと ....

5. Il y a un an (un an avant), j'étais totalement incapable d'écrire des kanji, mais maintenant, comme j'ai travaillé de toutes mes forces, je peux en écrire beaucoup.

.... けど、 ....

....

2 On dérive d'un verbe un autre verbe à valeur **passive**. « Passif » est à prendre au sens large, c'est-à-dire : toute action ou état subi(e). C'est souvent une manière d'exprimer une action faite par un sujet indéterminé, le « on » français, ou certains emplois pronominaux des verbes. Par exemple, いわれる dérivé de いう *dire*, peut signifier, selon les contextes, *être dit* ou *on dit* ou *se voir dire*. Parfois, selon les contextes et selon le verbe utilisé, la particule を sera remplacée par が. La source de ce qui est subi est indiquée grâce à la particule に (dans de rares cas, qui ne seront pas traités ici, から est aussi possible).

Ex. : 日本人　は　この　うた　を　よく　うたいます。 *Les Japonais chantent souvent cette chanson.* → この　うた　は　よく　にほんじん　に　**うたわれます**。 *Cette chanson est souvent chantée par les Japonais.* うたわれる *être chanté*, est dérivé de うたう *chanter*.

Ex. : さいふ　を　ぬすむ *voler un portefeuille* → さいふ　が　**ぬすまれて**、こまった。 ***On m'a volé*** *mon portefeuille* (litt. : *mon portefeuille a été volé*), *j'étais bien ennuyé.* ぬすまれる *être volé*, est dérivé de ぬすむ *voler, dérober*.

Ce passif peut donc être utilisé pour dire que le sujet a dû supporter quelque chose de désagréable.

Ex. : あかちゃん　が　なく Le bébé pleure. ➜ まよなか　に　あかちゃん　に　**なかれて、**　たいへん　でした。*En pleine nuit le bébé s'est mis à pleurer* (litt. : ***j'ai subi les pleurs** de la part du bébé*), *c'était terrible.* なかれる *subir les pleurs*, est dérivé de なく *pleurer.*

Pour les verbes de type 1, le -る final est remplacé par -られる : たすけ**る** *aider* ➜ たすけ**られる** *être aidé.*

Pour les verbes de type 2, le -う de la syllabe finale est remplacé par -あれる : ぬすむ (nusum**u**) *voler* ➜ ぬすまれる (nusum**areru**) *être volé.*

Attention : pour des verbes dont la finale est un seul -う, il sera remplacé par -われる (cf. leur forme réduite négative) 買**う** *acheter* ➜ 買**わ**ない *ne pas acheter*, 買**わ**れる *être acheté.*

Exceptions :

- Pour le verbe する, le dérivé passif est される.
- Pour くる, le dérivé passif est こられる.
- Le verbe ある n'a pas de dérivé passif.

4 Complétez le tableau.

verbe	dérivé passif à la forme passée réduite	traduction
1. 売る		
2. 決める		
3. 忘れる		
4. くる		
5. すてる		
6. 変える		
7. かりる		
8. せつめい　する		
9. みつける		
10. こたえる		

Banque de mots

しつ	qualité	すてる	jeter
せかい	le monde	がんばる	tenir bon, s'accrocher
かっこく	chaque pays	すり	pickpocket

5 **Transformez ces phrases actives en phrases passives et traduisez-les.**

1. この　バッグ　は　やすくて　しつ　が　いい　ので　せかい　かっこく　で　売って　いる。

....

....

2. あに　が　わたし　の　たいせつ　な　しゃしん　を　すてて、とても　かなしかった。

....

....

3. せんしゅう　の　しけん　は　よく　できた　ので、せんせい　が「よく　がんばった　ね」と　いいました。

....

....

4. すり　が　わたし　の　パスポート　を　ぬすんで、りょこう　が　できなく　なった。

....

....

Pour les verbes de type 1, le dérivé potentiel et le dérivé passif sont identiques. Mais on ne peut pas les confondre : <u>la construction n'est pas la même et le contexte permet de lever toute ambiguïté.</u>

Banque de mots

しかる	gronder, réprimander
せいせき	résultats
わるい	être mauvais
こめ	riz cru
よなか	pleine nuit
ショーウインドー	vitrine (*show-window*)
にっき	journal intime
だまる	se taire

6 Traduisez en japonais.

1. Mon petit frère a été sermonné par mon père parce que ses résultats étaient mauvais.

....

2. Le saké se fait (se fabrique) à partir du riz.

....

3. À trois heures du matin, un ami a eu le culot de venir, ça m'a bien dérangé.

.... こまった。

4. Les chaussures sont toujours rangées joliment dans la vitrine de ce magasin.

....

5. Ma petite sœur s'est permis de lire (j'ai subi qu'elle lise) en douce (en se taisant) mon journal, j'étais en colère.

....

3 D'un verbe on peut dériver un autre verbe à valeur **factitive**. Il s'agit de faire faire quelque chose à quelqu'un, mais avec une nuance d'autorité, d'obligation. Souvent cela concerne la relation entre adultes (parents, professeurs...) et enfants. Celui à qui on fait faire est introduit par la particule に.
Ex. : らいねん　オーストラリア　に　行きます　から、こども　に　えいご　を　**ならわせます。** *Comme nous allons en Australie l'an prochain, je **fais apprendre** l'anglais à mes enfants.*

Pour les verbes de type 1, on remplace le -る final par -させる : 食べ**る** *manger* ➜ 食べ**させる** *faire manger.*

Pour les verbes de type 2, le -う de la syllabe finale est remplacé par -あせる : 行く (ik**u**) *aller* ➜ 行かせる (ik**aseru**) *faire aller*

Attention : pour des verbes dont la finale est un seul -う, ce dernier sera remplacé par -わせる (cf. leur forme réduite négative) : なら**う** *apprendre* ➜ なら**わ**ない *ne pas apprendre*, なら**わ**せる *faire apprendre.*

Exceptions :
- Pour le verbe する, le dérivé factitif est させる.
- Pour le verbe くる, le dérivé factitif est こさせる.
- Le verbe ある n'a pas de dérivé factitif.

7 Complétez le tableau.

verbe	dérivé factitif, forme réduite	traduction
1. かく		
2. おぼえる		
3. おくる		
4. いう		
5. 食べる		
6. にゅういん　する		
7. 作る		
8. まつ		

Banque de mots

せいと	élève
きょうしつ	salle de classe
ブーツ	bottes
まご	petit-fils, petite-fille

8 **Remplacez l'expression française entre parenthèses par le japonais correspondant, puis traduisez en français.**

1. こども　に　ばんごはん　を (j'ai fait faire (fabriquer))。 ....

2. せいとたち　を　きょうしつ　の　まえ　に (veuillez faire aligner)。 ....

3. おじ　は　びょうき　に　なった　ので、きのう　の　ばん (je l'ai fait hospitaliser)。

4. ゆき　が　ふって　いる　から、むすこ　に　ブーツ　を (j'ai fait mettre)。 ....

5. おもい　から、まご　に　にもつ　を (j'ai fait porter)。 ....

Banque de mots

ねつ	fièvre
やすむ	se reposer, manquer
くすり	médicament, remède
のむ	boire (mais aussi avaler)
パソコン	ordinateur (*personal computer*)
こわれる	se casser, tomber en panne
えいかいわ	conversation anglaise

9 Traduisez en japonais.

1. Comme mon fils avait de la fièvre, je lui ai fait manquer l'école et je lui ai fait prendre (avaler) des médicaments.

....

2. Mon professeur de japonais nous fait souvent apprendre des chansons en japonais.

....

3. Comme mon ordinateur était en panne, je l'ai fait réparer par mon mari.

....

4. Comme il fait froid aujourd'hui, j'ai fait mettre un bonnet à ma fille.

....

5. Avant de partir (aller) en Amérique, nous faisons apprendre la conversation anglaise à nos enfants.

....

Banque de mots

ほめる	louer, féliciter
お-やつ	le goûter
ほいくえん	crèche
うけつけ	accueil, réception

10 **En vous aidant de la traduction française, insérez dans les trous les formes verbales correctes.**

1. Comme j'ai réussi à bien écrire mes kanji, j'ai été félicité par le professeur.
かんじ　が　じょうず　に　………………………　ので　せんせい　に
………………………。

2. J'irai faire les courses après avoir fait prendre leur goûter aux enfants.
こども　に　お-やつ　を　………………………　から　かいもの　に
行きます。

3. Dans les crèches, on <u>fait se reposer</u> les enfants l'après-midi pendant une heure.
ほいくえん　で　は　ごご　に　こども　を　一時間　………………………　。

4. Je suis très heureuse parce que je vais très bientôt pouvoir rencontrer mes amis japonais.
もう　すぐ　日本じん　の　ともだち　に　………………………　ので
とても　うれしい　です。

5. On m'a demandé « nihongo ga dekimasu ka ? » mais comme je ne comprends pas le japonais, je n'ai pas pu répondre.
「日本ご　が　できます　か」と　………………………　けど、日本ご　が
わからない　から　………………………　。

6. « Le docteur (professeur) n'est pas encore là », m'a dit la personne de l'accueil, et j'ai attendu une heure.
「まだ　せんせい　が　きて　いません」と　うけつけ　の　ひと　に
………………………………　一時間　も　まちました。

Félicitations !

Vous êtes venu à bout du chapitre 11 ! Il est maintenant temps de comptabiliser les icônes et de reporter le résultat en page 128 pour l'évaluation finale.

12

Expression de la volonté, de la permission, de l'obligation

On exprime sa volonté en ajoutant au verbe un suffixe -たい. Morphologiquement, ce suffixe est un adjectif en -い. Pour construire sa forme négative, ce sera comme pour les adjectifs : on ajoute -ない à la forme en -く.

Attention : ce suffixe ne peut servir qu'à exprimer la volonté de celui qui parle.

Pour construire cette forme, il suffit de remplacer -ます par -たい. On obtient ainsi la forme réduite.

Ex. : *Je mange* : 食べる。食べます
Je veux/voudrais manger : 食べ**たい**。
Je ne veux pas manger : 食べ**たくない**。

1 **Composez pour les verbes du tableau les formes affirmatives et négatives d'expression de la volonté personnelle (formes réduites).**

verbe	affirmatif	négatif
1. 食べる		
2. すむ		
3. 行く		
4. 見せる		
5. かく		
6. 読む		
7. 見る		
8. でかける		
9. する		
10. 買う		

La construction de phrases faites avec un verbe en -たい n'est pas bien fixée. Si l'on suit l'usage strict, quand le verbe simple a un complément d'objet suivi de la particule を, celui-ci devient sujet, suivi de la particule が. Cela est dû au fait que -たい ne signifie pas *je veux*, mais *telle chose est l'objet de mon désir de...*

Ex. : すし　を　食べます。 *Je mange des sushis.*
すし　**が**　食べたい。 *Je veux manger des sushis*
(litt. : *les sushis sont l'objet de mon désir de manger*).

Mais l'usage s'impose de plus en plus de conserver simplement le complément d'objet et de dire : すし　を　食べたい。

Banque de mots

ハイキング	randonnée
ルーブル ou ルーヴル　びじゅつかん	musée du Louvre
いちにちじゅう	toute la journée
はやおき　する	se lever de bonne heure

2 **Voilà ce que Marie veut faire ou ne pas faire pendant les vacances. Rédigez les deux listes en utilisant les formes réduites.**

1. Aller en Allemagne ....
2. Faire de la randonnée ....
3. Visiter le Louvre ....
4. Étudier mon japonais ....
5. Faire la cuisine ....
6. Regarder la télé toute la journée ....
7. Me lever de bonne heure ....
8. Rester (être) à Paris ....

-たい est une forme réduite qui ne peut donc s'employer qu'avec des personnes proches. Dans les autres cas, comme pour tous les adjectifs en -**い**, on ajoute です.
Ex. : *Je veux/voudrais aller* → forme réduite : 行きたい ; autres cas : 行きたい　です

De même pour la négation :
Ex. : *Je ne veux pas aller* → forme réduite : 行きたくない ; autres cas : 行きたくない　です

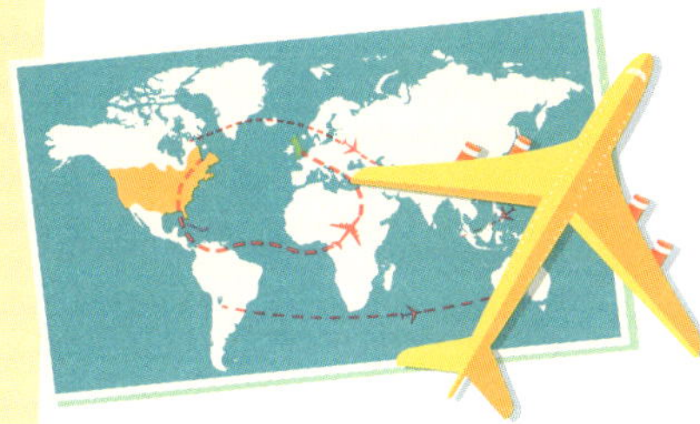

Banque de mots

しょうらい	avenir	しごと	travail
バカンス	vacances	せんそう	guerre
こくさいてき	international	くに	pays

3 Complétez les réponses du deuxième personnage et traduisez-les.

1. こくさいてき　な　しごと　を（する + ☺）

....

2. せんそう　の　えいが　は　あまり（見る + ☹）

....

3. あつい　くに　に（行く + ☺）

....

Même suivie de です, la forme en -たい reste une expression assez brutale, comme en français *je veux*... On préférera une formule qui correspondrait au français *je voudrais, j'aimerais*... ➜ -たい　と　思います (litt. : *je pense que je veux*).

Ex. : らいねん　日本　に　行きたい　と　思います。
Je voudrais aller au Japon l'an prochain.

Banque de mots

に　ついて	à propos de, sur
ろんぶん	mémoire, thèse, essai
なっとう	haricots fermentés

4 Traduisez en japonais.

1. Aujourd'hui, je voudrais [vous] parler de (à propos de) l'économie japonaise.

....

2. J'aimerais écrire un mémoire sur le kabuki.

....

3. Je voudrais goûter (essayer de manger) des *nattô*.

....

Si l'on souhaite **faire faire quelque chose à quelqu'un**, on peut employer la formule suivante : verbe à la forme en -て + ほしい. Si la personne concernée est exprimée, elle est introduite par la particule に.
Ex. : *Je voudrais que tu ailles faire les courses.* かいもの　に　行って　ほしい。

ほしい étant un adjectif en -い :
- la version négative, forme réduite, est : *je ne voudrais pas que tu*... て　ほしくない
- autres cas : ほしい　です, ほしくない　です

5 Traduisez en japonais.

1. Je voudrais que tu travailles plus sérieusement.

....

2. Je ne voudrais pas que tu partes (ailles) à la guerre.

....

3. J'aimerais que vous (professeur) écriviez un nouveau roman.

.... しょうせつ ....

On exprime aussi parfois sa volonté par une simple **invite** : *allons-y*, qui s'adresse à soi-même et éventuellement à ceux qui vous accompagnent. Pour cela, on utilise la forme en -おう/よう des verbes.

Pour les verbes de type 1, on remplace le -る final par -よう. Pour les verbes de type 2, on remplace le -う de la syllabe finale par -おう/ô. On obtient ainsi les formes réduites. Pour les autres cas, on remplace -ます par -ましょう.

Ex. :
- type 1 : *regardons* み**よう** / み**ましょう**
  sortons でかけ**よう** / でかけ**ましょう**
- type 2 : *rentrons* かえろう kaer**ô** / かえり**ましょう**
  lisons よもう yom**ô** / よみ**ましょう**

Pour le verbe する, la forme est し**よう**.

6 Complétez le tableau.

	forme en -おう / -よう	forme en -ましょう	traduction
1. 始める			
2. うたう			
3. やすむ			
4. おりる			
5. べんきょうする			
6. あるく			
7. 食べる			

Les mêmes formes employées dans une phrase interrogative constituent une **offre de service** : *Voulez-vous que je/nous…*

Ex. : *Voulez-vous que je vous aide ?* てつだいましょう　か。(litt. : *vous aiderais-je ?*)

7 **Transformez la phrase pour qu'elle devienne une offre de service, en utilisant la forme en -ましょう, puis traduisez le résultat obtenu.**

1. にもつ　を　もつ ………………………………………………

………………………………………………

2. しゃしん　を　とる ………………………………………………

………………………………………………

3. えき　まで　おくる ………………………………………………

………………………………………………

La combinaison de la forme en -おう / -よう avec と　思います permet d'exprimer une intention déjà assez forte, presque une **résolution**.

Ex. : らいねん　日本　に　行**こう**　**と　思います。**

Je pense aller au Japon l'an prochain.

8 **Reconstituez les phrases en vous aidant de leur traduction française.**

1. の　新しい　を
くるま　は　いま　の
古い　ので　思います
と　買おう

2. まいあさ
思います　はやおき
と　これから
しよう

3. やめよう　は
思います　タバコ
を　と　ことし

1. ....

Comme ma voiture actuelle (de maintenant) est vieille, je pense en acheter une neuve.

2. ....

Je suis résolu à me lever tous les matins de bonne heure à partir de maintenant.

3. ....

Je vais cesser de fumer cette année.

Il existe une formule basée sur la forme en -て, qui sert à demander la **permission**, puis à l'accorder ou la refuser.

- Pour demander une permission : verbe à la forme en -て + も　いい　です　か。
- Pour l'accorder : verbe à la forme en -て + も　いい　です。
- Pour la refuser : verbe à la forme en -て + は　いけない / いけません。

Ex. : ここ　に　はいって　も　いい　です　か。 *Est-ce que je peux entrer ici ?*
はい、はいって　も　いい　です。 *Oui, vous pouvez entrer.*
いいえ、はいって　は　いけません。 *Non, vous ne pouvez pas entrer.*

Banque de mots

食べもの	nourriture, aliments
すわる	s'asseoir

9 **Qu'est-il permis de faire dans ce musée ? Traduisez les phrases à l'aide des pictogrammes.**

1. しゃしん を とって も いい です か。

....

2. のみもの を のんで も いい です か。

....

3. 食べもの を 食べて も いい です か。

....

4. ほん を 読んで も いい です か。

....

5. はしって も いい です か。

....

6. いす に すわって も いい です か。

....

La formule pour exprimer le **devoir** (*on doit, il faut)* est bien longue : verbe + -なければ ならない / なりません (litt. : *si on ne … pas, ça ne va pas*).

-なければ est une forme dérivée du suffixe de négation -ない et s'ajoute au verbe dans les mêmes conditions : pour les verbes de type 1, on remplace -る par -なければ. Pour ceux de type 2, on remplace -う par -あ* et on ajoute なければ.

* Attention aux verbes dont la dernière syllabe est un -う tout seul.

Banque de mots

ぜいかん	douane	やさい	légume	くだもの	fruit

10 Complétez le tableau.

verbe	forme en -なければ　ならない	traduction
1. 行く		
2. まつ		
3. でかける		
4. 見る		
5. ならう		
6. する		

11 Traduisez en japonais.

1. Je dois écrire un mail.

....

2. Il faut que j'aille à la banque demain.

....

3. Nous devons lire ces livres.

....

4. On doit travailler son japonais tous les jours.

....

5. Il faut montrer son passeport à la douane.

....

6. Il faut manger tous les jours des fruits et des légumes.

....

Félicitations !

Vous êtes venu à bout du chapitre 12 ! Il est maintenant temps de comptabiliser les icônes et de reporter le résultat en page 128 pour l'évaluation finale.

13 Les couleurs, les formes et les goûts

Les couleurs

青（あお）	みどり色 « couleur du vert de la nature »	オレンジ色 « couleur d'orange »	赤（あか）
ピンク (de l'anglais *pink*)	きいろ	ちゃ色 « couleur de thé »	白（しろ）
黒（くろ）	ねずみ色 « couleur de souris »	むらさき色 « couleur de grémil »	

1 **Complétez le nom des couleurs puis vérifiez vos réponses à l'aide de l'encadré de leçon ci-dessus.**

1. ....
2. ....
3. ....
4. ....
5. ....
6. ....
7. ....
8. ....
9. ....
10. ....
11. ....

À partir des noms de couleur, on dérive les équivalents des adjectifs de couleur.
Il existe deux cas de figure :

- あか, あお, きいろ, しろ, くろ, se transforment en adjectif en -い :
  赤い *rouge*, 青い *bleu(e)*, きいろい *jaune*, 白い *blanc(he)*, 黒い *noir(e)*.
  Ex. : 赤い　やね *un toit rouge*
- pour les autres couleurs, on utilise la particule の :
  ピンク　の *rose*, むらさき色　の *mauve*, ねずみ色　の *gris(e)*,
  みどり色　の *vert(e)*, オレンジ色　の *orange*, ちゃ色　の *marron*.
  Ex. : ねずみ色　の　ぼうし *un chapeau gris*

2 **Décrivez les objets ci-dessous en suivant le modèle des exemples de l'encadré précédent.**

1. .... 2. .... 3. .... 4. ....

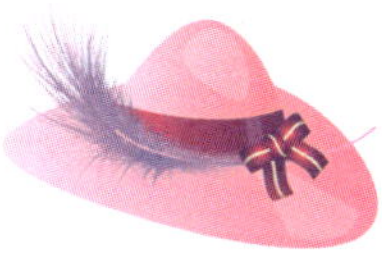

5. .... 6. .... 7. .... 8. ....

Les formes

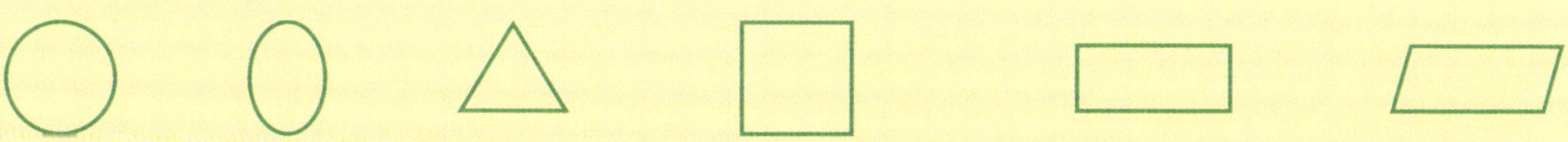

まる　だえん　さんかく　せいほうけい　ちょうほうけい　だいけい

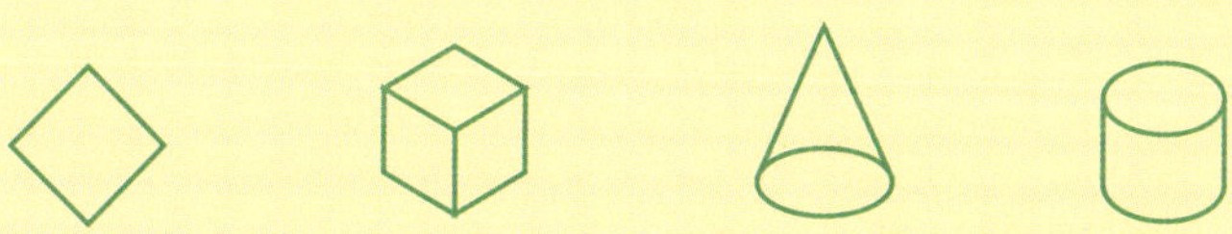

ひしがた　りっぽうたい　えんすい　えんちゅう

3 Dessinez sous chaque nom la forme qu'il désigne.

1. りっぽうたい	2. さんかく	3. えんすい	4. ひしがた	5. まる
6. ちょうほうけい	7. えんちゅう	8. だえん	9. だいけい	10. せいほうけい

Du nom des formes on peut dériver des équivalents d'adjectifs.
À part まる qui se transforme par l'adjonction de -い (まるい *être rond(e)*), tous les autres noms de formes se relient par の au nom qu'ils déterminent.
Ex. : せいほうけい　の　つくえ *une table carrée*

4 Traduisez en japonais.

1. un gâteau triangulaire → ....
2. une montre [en forme de] losange → ....
3. une table ronde → ....
4. une pièce rectangulaire → ....

Banque de mots

しお	sel
タバスコ	tabasco
バター	beurre
レモン	citron
おーす	vinaigre

あまい	être sucré
からい	être épicé
しょっぱい	être (trop) salé
にがい	être amer
あぶらっぽい	être trop gras
すっぱい	être acide

5 **Classez les images et les mots suivants dans le tableau, en suivant le modèle donné en première ligne. Certains mots sont à utiliser plusieurs fois.**

ÉPICÉ ACIDE AMER SUCRÉ GRAS

あまい からい しょっぱい にがい あぶらっぽい すっぱい

1. しお	しょっぱい	salé
2.		
3.		
4.		
5.		
6.		
7.		
8.		
9.		
10.		

Félicitations !

Vous êtes venu à bout du chapitre 13 ! Il est maintenant temps de comptabiliser les icônes et de reporter le résultat en page 128 pour l'évaluation finale.

14
Phrases complexes (3)

Deux relateurs, よう　に et ため　に, servent à introduire une proposition qui exprime ce qui est recherché par l'accomplissement de l'action décrite dans la proposition principale. La nuance entre ces relateurs est plutôt subtile.

1 よう　に sert à exprimer le **résultat** qu'on cherche à atteindre. Devant ce relateur, on utilise obligatoirement une forme réduite.

Ex. : みんな　に　聞こえる　**よう　に**　大きい　こえ　で　話します。
Il parle bien fort (d'une grande voix) pour que tout le monde entende.

Banque de mots

わすれもの	objet trouvé (litt. : objet oublié)
き　を　つける	faire attention (litt. : fixer son esprit)
ためる	entasser, économiser
おくれる	être en retard

I Traduisez en français.

1. でんしゃ　の　なか　に　わすれもの　を　しない　よう　に　き　を　つけて　ください。

....

2. 日本　に　行ける　よう　に　お-かね　を　ためて　います。

....

Traduisez en japonais.

3. Afin que les enfants de la ville puissent jouer, on a aménagé (fabriqué) un petit jardin.

....

4. Pour ne pas être en retard à (l'heure de) ma réunion, j'ai quitté la maison de bonne heure ce matin.

....

2 ため　に exprime le **but explicite** qu'on se fixe en faisant une action. Devant ce relateur, on utilise obligatoirement une forme réduite. Et, autre contrainte, ce doit être la même personne qui agit dans les deux propositions.

Ex. : いえ　を　買う　**ため　に**　お‑かね　を　ためて　います。
Je fais des économies pour acheter une maison.

Banque de mots

オリンピック	les Jeux olympiques
きんメダル	médaille d'or
ゆうびんきょく	bureau de poste

2 **Réunissez les deux phrases données en une seule, puis traduisez en français le résultat obtenu.**

1. オリンピック　で　きんメダル　を　とります。
たくさん　れんしゅう　しなければ　ならない。

....

....

2. はは　の　クリスマス　プレゼント　を　買います。
バイト　を　して　います。

....

....

3. びょうき　を　なおします。
くすり　を　ちゃんと　のんで、やすまなければ　ならない。

....

....

4. にもつ　を　おくります。
ゆうびんきょく　に　行きました。

....

....

Banque de mots

お-としより	personne âgée
じ	lettre, caractère
こと	chose, mot
よろこぶ	éprouver de la joie, du plaisir

3 Traduisez en japonais, en choisissant comme relateur soit ために soit ように.

1. On vend des livres écrits en gros caractères pour que les personnes âgées puissent les lire facilement.

   ....

2. Pour que ta maladie guérisse vite, écoute bien ce que dira le docteur.

   ....

3. Terada a accepté de m'aider (j'ai obtenu de Terada qu'il m'aide) pour déménager dans mon nouvel appartement près de l'université.

   ....

4. Avant la fête, j'ai acheté plein de boissons, pour que tout le monde soit content.

   ....

5. Pour acheter un portable nouveau modèle, j'ai fait la queue pendant trois heures.

   ....

Une proposition terminée par un relateur のに permet de montrer que l'action qui a été faite, ou l'état exprimé dans la proposition qu'il termine, n'a pas entraîné le résultat espéré, ou a entraîné un bon résultat contraire à ce qu'on aurait pu attendre. Devant ce relateur, on utilise obligatoirement une forme réduite.

Ex. : この　とけい　は　やすかった　**のに**　ながもち　して　いる。
Bien que je n'aie pas payé cette montre cher, elle résiste à l'usage.

Banque de mots

なんども	je ne sais combien de fois
せっかく	*pour quelque chose qu'on fait avec une bonne intention*

4 **Reconstituez les phrases à partir des éléments donnés dans les bulles et en vous aidant de la traduction française.**

1. せつめい　は　のに
けんじくん　なんども　まだ
わからない　した

2. りょうり　あに　を
のに　せっかく　作った
こなかった　は

3. みせ　まえ　ならんだ
のに　おきて　新しい
が　モデル　はやく　で
の　けいたいでんわ
買えなかった　の

4. は　いそがしい　を
のに　わたし　の　たけださん
しごと　てつだって
くれた　とても

1. ……………………………………………

J'ai eu beau lui expliquer je ne sais combien de fois, Kenji n'a toujours pas compris.

2. ……………………………………………

J'avais pourtant préparé un bon repas, mais mon frère [aîné] n'est pas venu.

3. ……………………………………………

J'ai eu beau me lever de bonne heure et faire la queue devant le magasin, je n'ai pas pu acheter le nouveau modèle de portable.

4. ……………………………………………

Bien que Takeda soit très occupé, il a bien voulu m'aider dans mon travail.

Banque de mots

どんな　に	combien, à quel point, même
おわる	finir, terminer
たとえ	même si

しあわせ	heureux
くらし	vie

En utilisant à la fin de la première proposition une forme en -て (de verbe ou d'adjectif) suivie de も, on indique que les contenus des deux propositions sont plutôt perçus comme incompatibles : *même si…, on aura beau…* Cette forme est souvent corrélée avec des éléments comme どんな　に ou たとえ qui renforcent ce sens.

Ex. : あした　あめ　が　ふっ**ても**　サッカー　の　しあい　を　します。
Même s'il pleut demain, on jouera le match de foot.

5 Mettez le mot en couleur à la forme en ても et traduisez la phrase en français.

1. どんな　に　がんばる .... その　しごと　は　あした　まで　に　おわらない。

   ....

2. どんな　に　いそがしい .... ちゃんと　しょくじ　を　して　ください。

   ....

3. たとえ　お-かね　が　ない .... まいにち　しあわせ　な　くらし　が　できます。

   ....

Félicitations !

Vous êtes venu à bout du chapitre 14 ! Il est maintenant temps de comptabiliser les icônes et de reporter le résultat en page 128 pour l'évaluation finale.

15
Les mots-outils

Quelques noms ont des emplois particuliers.
Ils se comportent syntaxiquement comme des noms :

- ils sont toujours suivis d'une particule ou de だ / です…
- … et peuvent recevoir un déterminant sous la forme d'un nom + の, d'un adjectif ou d'une proposition déterminante.

Mais ils servent dans certaines structures plus ou moins figées.

ところ est un nom qui signifie *un point dans l'espace ou le temps, un lieu, un moment*. Il permet de construire des formules équivalentes à « *je suis sur le point de…* », « *juste pendant que…* », « *je viens juste de…* ».

- Verbe à la forme en -う + ところ : *je suis sur le point de…*

Ex. : いま　でかけ**る**　**ところ**　です。 *Je suis* ***juste sur le point*** *de sortir.*

- Verbe à la forme en -て　いる/-て　いた + ところ : *juste pendant que je…*

Ex. : あさごはん　の　じゅんび　を　**して　いた　ところ**　に
にもつ　が　とどいた。
Le colis est arrivé ***juste pendant que*** *je préparais le petit déjeuner.*

- Verbe à la forme en -た + ところ : *je viens juste de…*

Ex. : しょくじ　が　おわっ**た　ところ**　で
ともだち　が　あそび　に　来た。
Juste comme je venais de *finir de déjeuner, mon ami est venu me voir.*

Banque de mots

とどく	arriver, atteindre
けす	éteindre

1 Mettez à la bonne forme le verbe en couleur et traduisez les phrases ainsi obtenues.

1. いま　から　コンサート　が　始まる ………………… ところ　です から、けいたいでんわ　を　けして　ください。

………………………………………………………………………………

………………………………………………………………………………

2. いま　べんきょう　する ………………… ところ　な　ので こんばん　でんわ　します。

………………………………………………………………………………

………………………………………………………………………………

3. こども　が　帰る ………………… ところ　です　から、しょくじ の　じゅんび　を　しなければ　ならない。

………………………………………………………………………………

………………………………………………………………………………

4. えき　に　ついた　とき、でんしゃ　は　もう　出る ………………… ところ　でした。

………………………………………………………………………………

………………………………………………………………………………

5. うち　で　やすむ ………………… ところ　に　じしん　が　おこった。

………………………………………………………………………………

………………………………………………………………………………

6. いま　から　うち　を　出る ………………… ところ　です　から、もう すこし　びじゅつかん　の　まえ　で　まって　いて　ください。

………………………………………………………………………………

………………………………………………………………………………

Il existe un mot, **ほう**, qui veut dire *direction, côté,* et aussi *moyen, façon.* Il s'utilise dans une formule permettant d'exprimer une **préférence** : nom + の ou proposition déterminante + ほう　が …

Ex. : アパート　は　えき　から　ちかい　**ほう**　が　いい　です。*Pour un appartement, c'est* ***mieux*** *d'être près de la gare* (litt. : *du côté de être près de la gare c'est mieux*).

くろい　Tシャツ　の　**ほう**　が　すき　です。*Je préfère les t-shirts noirs* (litt. : *j'aime du côté des t-shirts noirs*).

Cette formule s'emploie pour construire le comparatif des adjectifs. La formule complète est : Bより　A　の　**ほう**　が + adjectif (litt. : *du côté de A c'est plus … que B*). Mais la première partie n'est pas toujours exprimée. より est une particule ancienne remplacée aujourd'hui par から (à partir de) ➜ B より (litt. : *si on part de B*).

Ex. : 赤い　Tシャツ　**より**　黒い　Tシャツ　**の　ほう　が**　すき　です。
Je préfère les t-shirts noirs aux t-shirts rouges.

でんしゃ　で　行く　**より**　くるま　で　行く　**ほう　が**　べんり　です。
C'est ***plus*** *pratique d'y aller en voiture* ***que*** *d'y aller en train.*

Banque de mots

インターネット	Internet	けんこう	santé
はやい	être rapide	せまい	être petit, être étroit
ほんやく	traduction	ひろい	être vaste
げんしょ	version originale	あかるい	être clair, être lumineux

2 **Reconstituez les phrases en vous aidant de la traduction française.**

1. が / より / で / うみ / 。/ ほう / 楽しい / およぐ / ね / プール
2. に / みせ / より / かんたん / インターネット / 行く / ちゅうもん / で / ほう / が / です / 。/ する
3. ここ / バス / のる / あるいて / から / ほう / より / が / に / です / 。 / 行く / はやい
4. より / で / 読む / ほんやく / ほう / が / げんしょ / と / おもしろい / 。/ 思います
5. たいせつ / けんこう / お-かね / の / です / ほう / より / が / 。
6. より / えいご / むずかしい / の / が / と / ちゅうごくご / ほう / 。/ 思わない / は
7. の / 思いません / くらい / より / せまくて / ひろくて / アパート / が / いい / と / か / 。/ あかるい / ほう / は

1. ....

C'est plus agréable de nager dans la mer qu'en piscine !

2. ....

C'est plus simple de commander par Internet que d'aller dans les magasins.

3. ....

D'ici ça ira plus vite d'aller à pied que de prendre le bus.

4. ....

Je trouve que c'est plus intéressant de lire en version originale qu'en traduction.

5. ....

La santé est plus importante que l'argent.

6. ....

Je ne pense pas que le chinois soit plus difficile que l'anglais.

7. ....

Est-ce que vous ne pensez pas qu'il vaut mieux un appartement vaste et clair plutôt qu'un appartement petit et sombre ?

ほう　が précédé d'une forme négative ou d'une forme en -た, et suivi de いい です, est aussi utilisé pour donner des **conseils** : *il vaudrait mieux..., il faudrait...*

Ex. : けんこう　の　ため　に　まいにち　ジョギング　を　した **ほう　が　いい　です** し、食べすぎない **ほう　が　いい　です。**
*Pour la santé, il **faudrait** faire du jogging tous les jours et ne pas trop manger.*

3 **Traduisez en japonais les conseils donnés par le médecin.**

1. Il vaudrait mieux ne pas prendre de bain.

2. Il faudrait prendre le temps de dormir (dormir lentement).

3. Il faudrait prendre (avaler) correctement vos médicaments.

4. Il vaudrait mieux ne pas boire d'alcool.

5. Il faudrait prendre des vacances.

1. ....

2. ....

3. ....

4. ....

5. ....

Le nom よう qui signifie *aspect, forme* est utilisé dans des structures qui permettent d'exprimer la **ressemblance**, l'identification.

- Emploi de type adjectival : nom + の　よう　な + nom ➜ *semblable à, qui ressemble à, comme*
  Ex. : はくちょう　**の　よう　な**　とり　を　見た。
  *J'ai vu un oiseau **qui ressemblait à** un cygne.*
- Emploi de type adverbial 1 : nom + の　よう　に + verbe ➜ *comme*
  Ex. : むすこ　は　さかな　**の　よう　に**　およぎます。
  *Mon fils nage **comme** un poisson.*
- Emploi de type adverbial 2 : proposition + よう　に + verbe ➜ *comme*
  Ex. : はは　に　おしえて　もらった　**よう　に**　こども　を　そだてたい。 *Je veux élever mes enfants **comme** ma mère me l'a appris.*

Banque de mots

せつめいしょ	mode d'emploi
きのこ	champignon
かたち	forme
のみやすい	être facile à avaler
つき	la lune
こ (=こども)	enfant
バスケットボール	basket-ball
だんたい　スポーツ	sport collectif

4 Insérez à la place des pointillés la formule qui convient et traduisez en français.

1. この　せつめいしょ .... して　ください。

....

2. きのこ .... かたち　を　した　いえ　です。

....

3. この　くすり　は　オレンジ .... あじ　が　します　から、のみやすい　です。

....

4. いま　から　いう .... かいて　ください。

....

5. こども　と　いっしょ　に　つき .... まるい　ケーキ　を　作りました。

....

6. この　こ　は　おとな .... こと　を　いう。

....

7. バスケットボール .... だんたい スポーツ の ほう が すき です。

....

8. メール で かいた .... あした ごご の 三時 に だいがく で あいましょう。

....

9. しょうらい は ちち .... なりたい。

....

Deux mots servent à indiquer la **restriction**, la limitation : だけ et しか. Ils correspondent au français *seulement, ne ... que*, mais leur construction est différente ainsi que la situation dans laquelle chacun peut s'employer. C'est une question de point de vue.

Leur emploi le plus fréquent est après un nom, mais il y a des cas où だけ s'emploie après un nom déjà suivi d'une particule. Ils s'emploient aussi très souvent avec les adverbes de quantité すこし et ちょっと (*un peu*).

だけ vient d'un ancien mot signifiant *mesure* → *dans la mesure où, seulement*. On peut dire que c'est une restriction par évaluation positive. だけ prend d'ailleurs parfois simplement le sens de *dans la mesure où*.
Ex. : かようび **だけ** じかん が ある。
Je n'ai le temps que mardi (dans la mesure où c'est mardi j'ai le temps).

しか s'emploie toujours avec un verbe à une forme négative. On peut dire que c'est une restriction par évaluation négative : *si ce n'est pas ... ne pas*.
Ex. : かようび **しか** じかん が ない。
Je n'ai le temps que mardi (si ce n'est pas mardi je n'ai pas le temps).

Banque de mots

ホテル	hôtel
とまる	séjourner (dans un hôtel)
かんこう	visite touristique
しゅっぱつ	départ
わるい	être mauvais
たのむ	demander, prier
スト	grève (*strike*)

5 Traduisez en japonais. Dans chaque phrase on utilisera soit だけ soit しか.

1. Comme je n'ai qu'un peu d'argent, je ne peux pas aller dans les hôtels chers.

2. Il ne reste (n'y a) [encore] qu'un peu de vin, buvons-le tous les deux.

3. Cet été j'ai l'intention d'aller au Japon et de limiter mes visites à Kyôto et Ôsaka.

4. Comme ma voiture est grande, je ne peux passer que dans des rues larges.

5. Comme il ne reste qu'une heure avant le départ, nous n'avons pas le temps de prendre un café.

6. Je n'en ai parlé qu'à ma petite sœur.

7. Lorsque j'étais au Japon l'an dernier, j'ai visité exclusivement Kyôto et Ôsaka.

8. Comme mon grand-père a de mauvais yeux, il ne peut lire que des livres écrits en gros caractères.

9. Voilà ce que j'ai comme argent.

10. Voilà [tout] ce qui me reste comme argent.

11. Comme il y a un Français, demandons-lui de traduire (une traduction).

12. Pour le concert d'hier, à cause de la grève des trains, il n'est venu que 100 personnes, c'était dommage.

Félicitations !

Vous êtes venu à bout du chapitre 15 ! Il est maintenant temps de comptabiliser les icônes et de reporter le résultat en page 128 pour l'évaluation finale.

16

La nominalisation

La nominalisation est le procédé par lequel une proposition entière peut jouer dans une phrase le rôle d'un nom. En français, ce procédé s'appelle l'infinitif. En japonais, il demande l'intervention d'un support. Il y a deux supports possibles : こと et の. Dans les deux cas, ce support est précédé de la proposition terminée par une forme réduite, et suivi de la particule qui correspond à sa fonction dans la phrase. Dans certains cas, こと et の sont interchangeables, dans d'autres non.

1 こと et の sont interchangeables dans une phrase qui utilise les adjectifs すき / だいすき et きらい / だいきらい correspondant aux verbes *aimer/adorer* et *détester/haïr*.
Ex. : イタリアご　が　すき　です。 *J'aime l'italien.*
イタリアご　で　話す　**の** / **こと**　が　すき　です。
J'aime parler en italien.

1 Traduisez les phrases « a. » en français et les phrases « b. » en japonais.

1. a. とり　が　すき　です。

....

b. J'aime regarder les oiseaux.

....

2. a. テニス　が　きらい　です。

....

b. Je déteste faire du tennis.

....

3. a. 日本りょうり　が　だいすき　です。

....

b. J'adore faire de la cuisine japonaise.

....

2 Dans le cas où il s'agit d'une liste d'actions, seul こと est utilisable.
Ex. : (bonnes résolutions) まいにち　えき　まで　あるく　こと。のみすぎない　こと。はやく　うち　に　帰る　こと。
Marcher tous les jours jusqu'à la gare. Ne pas trop boire. Rentrer de bonne heure à la maison.

Banque de mots

やめる	cesser
むだづかい　を　する	gaspiller son argent (litt. : faire de l'utilisation vaine)

2 Traduisez les résolutions de Jessica pour l'année.

1. Cesser (la cigarette) de fumer.
2. Faire tous les jours du jogging.
3. Me lever de bonne heure.
4. Ne pas trop manger.
5. Ne pas gaspiller mon argent.

1. ....
2. ....
3. ....
4. ....
5. ....

Un autre cas où seul こと est possible, c'est dans des expressions figées :

- proposition verbe en - う / ない + **こと** が できる *pouvoir…*
(litt. : *le fait de … est possible*)
- proposition verbe en - う / ない + **こと** が ある *il m' (t', lui…) arrive de…*
(litt. : *le fait de … existe*)
- proposition verbe en -た + **こと** が ある *il m' (t', lui…) est arrivé de…, j'(tu, il…) ai déjà…* (litt. : *le fait d'avoir … existe*)
- proposition verbe en - う / ない + **こと** に する *décider de…* (litt. : *opter pour le fait de…*)

Banque de mots

うま	cheval
つかれる	être fatigué
いっぺん	une fois
やせる	maigrir

Par contre, lorsqu'il s'agit d'exprimer un sentiment ou une perception, seul の est possible.

Même chose lorsqu'il s'agit d'indiquer la destination concrète d'un outil ou d'un acte, dans la formule proposition + の + に + verbe / adjectif.

Ex. : こどもたち が にわ で ゆきだるま を 作って いる **の** が 見えます。
Je vois les enfants faire un bonhomme de neige dans le jardin.
これ は クルミ を わる **の** **に** つかいます。
Ça sert à casser des noix.

3 **Terminez la traduction de ces phrases en utilisant l'une des formules présentées ci-contre.**

1. Êtes-vous déjà monté à cheval ?

うま に ……………………………………

2. Comme j'ai beaucoup travaillé la semaine dernière, je suis fatigué cette semaine, je n'ai pas pu me lever de bonne heure une seule fois.

せんしゅう とても たくさん はたらいた ので、つかれて しまって、

……………………………………

3. Il a décidé d'arrêter de fumer.

タバコ を ……………………………………

4. Je me suis fait une fracture, je n'ai pas pu faire mon jogging quotidien.

ほね を おって しまって、……………………………………

……………………………………

5. Bien que je veuille maigrir, il m'arrive souvent de trop manger.

やせたい けれど、……………………………………

6. Elle a décidé de ne plus gaspiller son argent.

むだづかい を ……………………………………

Banque de mots

ほし	étoile
ひかる	briller
てん	point, notes scolaires
つかう	utiliser
いちにちじゅう	toute la journée
いぬ	chien
ほえる	aboyer, rugir
ひじょう に	particulièrement, très
しゅうまつ	week-end
しょうりょこう	petit voyage

4 Traduisez en japonais.

1. De la maison voisine j'entends quelqu'un jouer du piano.

2. J'ai vu les étoiles briller dans le ciel, c'était très beau.

3. J'ai été très heureux d'être félicité par le professeur pour mes (ayant pris de) bonnes notes.

4. On se sert de ça pour laver les voitures.

5. C'est dommage que Tamura n'ait pas pu venir à la fête d'hier.

6. J'ai entendu toute la journée le chien des voisins aboyer, c'était très désagréable.

7. C'est une joie (agréable) de faire un petit voyage en famille le week-end.

8. Ces chaussures sont pratiques pour marcher en montagne.

Banque de mots

ろうか	couloir
あいさつ　する	saluer
じゅぎょう	cours (scolaire)
とくべつ	particulier
てんらんかい	exposition

5 **À la place des pointillés, mettez の ou こと... ou proposez les deux, et traduisez en français.**

1. 「ぼく　は　五　キロ　も　およぐ　……　が　できる　よ」と　けんじくん　は　じまん　して　いる。

2. じぶん　で　作った　やさい　で　りょうり　を　する　……　が　楽しい　です。

3. ろうか　を　はしらない　……。せんせい　に　あいさつ　する　……。じゅぎょう　で　話さない　……。

4. おりがみ　を　する　……　に　とくべつ　な　かみ　を　つかいます。

5. てんらんかい　を　見る　ため　に　なん時間も　ならぶ　……　が　きらい　です。

6. とても　つかれた　ので、はやく　うち　に　帰る　……　に　した。

7. うみ　で　およぐ　……　が　だいすき　です。

8. かぶき　を　見た　……　が　あります　か。

Félicitations !

Vous êtes venu à bout du chapitre 16 ! Il est maintenant temps de comptabiliser les icônes et de reporter le résultat en page 128 pour l'évaluation finale.

17

Phrases complexes (4)

Une proposition terminée par une forme de verbe ou d'adjectif en **-ば** permet d'exprimer une **supposition**, une **hypothèse** : *si jamais…, si éventuellement…, au cas où…*

Ex. : 五　に　三　を　たせ**ば**、八　に　なる。 *Si éventuellement / dans le cas où on ajoute 3 à 5, cela fait 8.* ➜ *5 plus 3 égale 8.*

やすけれ**ば**、買います。 *Si ce n'est pas cher, je [l'] achète.*

- Pour les verbes des deux types, et pour les verbes irréguliers くる et する, il suffit de remplacer le う final par la voyelle え et d'ajouter -ば.
  Ex. : verbe de type 1 : かりる ➜ かりれば (karir-e-ba) *si on (je…) emprunte*
  verbe de type 2 : およぐ ➜ およげば (oyog-e-ba) *si on (je…) nage*
- Pour les adjectifs en -い, on remplace le い par けれ et on ajoute -ば.
  Ex. : おいしい ➜ おいしければ (oishi-kere-ba) *si c'est bon*
- Dans tous les cas, ne pas oublier que le suffixe de négation -ない fonctionne comme un adjectif en -い : *si … ne pas* ➜ -なければ (na-kere-ba) (cf. chapitre 12).
  Ex : 行かなければ (ika-na-kere-ba) *si je ne vais pas*
  おいしくなければ (oishi-ku-na-kere-ba) *si ce n'est pas bon*

Banque de mots

せつやく	économies
はね	aile d'oiseau
にんげん	espèce humaine, homme
いきる	vivre
いそぐ	se dépêcher
まにあう	être à l'heure, à temps
いろいろ	toutes sortes, beaucoup
どんどん	*Impressif pour exprimer l'idée d'abondance*

1 Remplissez le tableau suivant.

	Forme affirmative en -ば	Forme négative en -ば
1. あつい		
2. 話す		
3. 出る		
4. ある		
5. いう		
6. 遠い		
7. 食べる		
8. くる		
9. 忘れる		
10. 高い		
11. できる		
12. とる		
13. する		
14. おもしろい		

2 **Transformez les verbes ou adjectifs de fin de proposition de la première partie, puis mettez en ordre les mots de la seconde partie et traduisez le tout.**

1. せつやく　しない　　　　　　が　買えない　くるま。

....

....

2. はね　が　ある　　　　を　そら　とべる。

....

....

3. にんげん　は　食べない　　　　　　いきられない。

....

....

4. おじいさん　に　きく　　　　れきし　こと　の　が　わかる　まち。

....

....

5. いそぐ　　　　　　コンサート　まにあいます　に。

....

....

6. はやおき　する　　　　に　が　な　いろいろ　できる　いちにち　こと。

....

....

7. あつい　　ビール　　が　　どんどん　売れる。

....

....

L'élément だ / です qui suit un nom ou un adjectif invariable n'a pas de forme en -ば. On utilise alors une forme **なら** (abrégé de ならば, d'un verbe なり, équivalent ancien de だ / です) : じょうぶ　です *c'est solide* ➜ じょうぶ　なら *si c'est solide.*

Ex. : あなた　**なら**　かんたん　に　できます　よ。
Si c'est toi, tu pourras facilement (c'est facile pour toi) !
べんり　**なら**　買います。
Si c'est pratique, je [l'] achète.

Banque de mots

しあい	match, rencontre sportive
ちゅうし	interruption
ひま	loisir, temps libre
むりょう	gratuit

3 Reconstituez les phrases et traduisez-les en français.

1. ちゅうし / なら / あめ / は / です。/ しあい
2. なら / らいしゅう / ひま / です / どようび / いっしょ / でかけましょう。 / は / に / から
3. コンサート / むりょう / この / がくせい / です。/ は / なら
4. なら / できます。/ かんたん / すぐ
5. 行かない / あした / うみ / に / なら / いっしょ / ひま / に /?

1. ....

....

2. ....

....

3. ....

....

4. ....

....

5. ....

....

Il existe une autre manière de présenter une **supposition, plus « réaliste »**, c'est-à-dire non comme une éventualité mais en faisant comme si la chose était déjà réalisée et qu'on pouvait déjà en voir le résultat. C'est le rôle du suffixe **たら**, *si..., quand..., à supposer que...*

Ex. : 五　に　三　を　たし**たら**、八　に　なる。
Quand / à supposer qu'on ajoute 3 à 5, on obtient 8.
大きく　なっ**たら**、　いしゃ　に　なりたい。
Quand je serai grand, je veux être médecin.

Le suffixe たら se joint aux verbes et adjectifs (ne pas oublier le cas du suffixe de négation), à だ / です dans les mêmes conditions que le suffixe た.

Ex. : 見る ➜ 見**た** ➜ 見**たら**
買う ➜ 買**った** ➜ 買**ったら**
やすい ➜ やす**かった** ➜ やす**かったら**
だ ➜ だ**った** ➜ だ**ったら**
です ➜ でし**た** ➜ でし**たら**
(forme littéraire, peu usitée).

4 Complétez le tableau suivant.

	Forme affirmative en -たら	Forme négative en -たら
1. いたい		
2. 話す		
3. 出る		
4. ある		
5. かんたん　だ		
6. 長い		
7. えいご　だ		
8. 忘れる		
9. 行く		
10. ほしい		
11. できる		
12. ぼく　だ		
13. する		
14. おもしろい		
15. きれい　だ		

Banque de mots

くうこう	aéroport
ちゃんと	correctement
せかいじゅう	monde entier

5 Traduisez en japonais.

1. Quand tu seras arrivé à l'aéroport, appelle-moi.

2. Comme je voudrais avoir des ailes pour voler vers toi (À supposer que j'aie des ailes, je pourrais voler (aller en volant) vers toi (vers ton lieu)).

3. Quand il sera (sera devenu) dix heures, nous commencerons (commençons) la réunion.

4. Si tu ne manges pas correctement tes légumes, tu vas tomber (devenir) malade !

5. Si j'ai de l'argent (à supposer que j'aie de l'argent), je veux voyager dans le monde entier.

6. Quand j'arriverai au Japon, j'irai tout de suite aux sources chaudes.

7. À supposer qu'elle soit plus tranquille, je voudrais vivre dans cette ville.

Deux propositions peuvent être reliées par un relateur と.

Double contrainte : devant と on ne peut employer qu'une forme réduite et jamais une forme de passé.

と instaure entre le contenu des deux propositions une relation de **simultanéité**.

Il y a alors deux cas :
- soit cette relation est automatique et se répète à chaque fois que les deux contenus sont en contact. : *quand…, chaque fois que… (voilà ce qui se passe)…*
- soit le contenu de la seconde proposition est inattendu dans la circonstance exprimée par la première proposition : *quand…, au moment où… (voilà ce que j'ai découvert).*

Ex : 五 に 三 を たす と、八 に なる。
Quand / chaque fois qu'on ajoute 3 à 5, on obtient 8.
よる に なる と、やま が 見えなく なります。
Quand arrive la nuit, on ne voit plus la montagne.
目 が さめる と, ゆき でした。
Quand je me suis réveillé, c'était la [couvert de] neige.

Banque de mots

まっすぐ	tout droit
ドア	porte (*door*)
あける	ouvrir
こえる	franchir, passer
いちめん	toute la surface
ぎん	argent

6 Traduisez en français.

1. はる　に　なる　と、あたたかく　なります。

2. ほんや　なら　まっすぐ　行って　みぎ　に　まがる　と、ありますよ。

3. ドア　を　あける　と、ともだち　が　まって　いた。

4. あの　やま　を　こえる　と、うみ　が　見えます。

5. まど　を　あける　と、いちめん　の　ぎんせかい　だった。

Félicitations !

Vous êtes venu à bout du chapitre 17 ! Il est maintenant temps de comptabiliser les icônes et de reporter le résultat en page 128 pour l'évaluation finale.

18

La nature et les saisons

Il est bien connu que, traditionnellement, la nature occupe une place importante dans les traditions japonaises. Pour terminer ce cahier sur une note plaisante, nous vous proposons une petite introduction à l'univers du *haiku*. Bien connu en France, le *haiku* est un poème très court composé de trois vers : 5 syllabes / 7 syllabes / 5 syllabes. Dans la poésie, les termes relatifs aux saisons (plantes, animaux, phénomènes naturels…) sont très présents ; vous en croiserez donc ici un certain nombre. Mais le *haiku*, qui est l'expression d'un instant fugace, n'est pas toujours lié à la saison.

À noter : on se permet souvent dans les poèmes quelques « licences poétiques ». En japonais, c'est surtout la suppression des particules は, が ou も.

Important : l'allongement d'une voyelle compte comme une syllabe, ainsi que le petit っ/ッ.

1 Traduisez en japonais. Le vocabulaire nécessaire non encore connu vous est donné dans le texte français.

Lorsqu'arrive le printemps, comme les cerisiers (さくら) et les pruniers (うめ) fleurissent, on se livre ensemble à la « contemplation des fleurs » (はなみ). Les rossignols (うぐいす) chantent, et les hirondelles (つばめ) volent dans le ciel. En été on boit beaucoup de bière. Le soir on fait des feux d'artifice (はなび). La lumière (ひかり) des lucioles (ほたる) est vraiment belle. Les cigales (せみ) stridulent (なく) toute la journée, c'est un peu désagréable. Lorsque chantent les grillons (こおろぎ), c'est que l'automne est tout proche. Comme la lune d'automne est la plus lumineuse (あかるい) et grande, on dit que l'automne est la saison de la Lune. Les cosmos (コスモス) plantés (うえる type 1) dans les jardins fleurissent. On va à la montagne et on ramasse (ひろう) des châtaignes (くり). C'est la saison aux magnifiques feuillages colorés (こうよう). Lorsque l'automne se termine, les feuilles mortes (かれは) tombent en tourbillonnant (まいちる type 2). L'hiver est arrivé. Les enfants s'amusent avec la luge (そり). Pendant qu'ils s'amusent à faire des bonhommes de neige, comme il fait froid, les grandes personnes boivent ensemble du vin chaud (ホットワイン) dans le chalet. On prépare aussi les cadeaux de Noël.

Banque de mots

そり	luge, traîneau
ちかよる	approcher
すず	clochette
かたて	une seule main
よぞら	le ciel nocturne
いなか	campagne

2 **Voici quelques haiku simples. Restituez le nom de saison à la place des pointillés et proposez une traduction.**

1. ………… の　あさ　…………
そり　が　ちかよる　…………
すず　の　おと　…………

2. ………… の　よる　…………
ビール　かたて　に　…………
みる　よぞら　…………

3. ………… が　きて　…………
いなか　の　そら　を　…………
つばめ　とぶ　…………

4. そら　を　みて　…………
ほし　か　はなび　か　…………
………… が　きた　…………

5. あかるくて　…………
きれい　に　のぼる　…………
………… の　つき　…………

6. さむい　…………　…………
スキー　に　いこう　…………
はやおき　よ　…………

Banque de mots

あく	être ouvert	チェロ	violoncelle
まど	fenêtre	たのしみ	plaisir

3 **En vous aidant de la traduction française, reconstituez les haiku en assemblant les syllabes de chaque bulle.**

1
あ と る み
ち う い お た ま
か ど ら の た
チェ ロ

2
い と の あ
い め な お ね
の ね こ は り
か わ い

3
く あ る め
か て の た し
に わ の は な
の に み

4
き も ゆ が
ふ き こ ど よ
た ろ ゆ だ る
ま ぶ こ

5
ニ リ う の
パ み マ ロ ち
さ く が は る
よ も エ

6
そ つ な の
ら グ ザ に と
こ う も り は
ジ グ ぶ

1

le chemin où je passe
par la fenêtre ouverte
le chant du violoncelle

2

avec ses yeux bleus
le chat du voisin
comme il est mignon !

3

lumineuses
pour le plaisir de mes yeux
les fleurs de mon jardin

4

l'hiver est là
les enfants vont être contents
avec le bonhomme de neige

5

dans les rues de Paris
les marronniers en fleur
c'est le printemps !

6

dans le ciel d'été
elles volent en zigzag
les chauve-souris

4 À votre tour, devenez poète en 5-7-5 !

Il n'y aura pas de corrigé !

Félicitations !

Vous êtes venu à bout du chapitre 18 ! Il est maintenant temps de comptabiliser les icônes et de reporter le résultat en page 128 pour l'évaluation finale.

Note : les phrases japonaises sur lesquelles vous travaillez étant de plus en plus longues et complexes, il y a souvent plusieurs solutions possibles pour leur traduction. Il n'est pas possible de toutes les donner. Il en est proposé une seule, qui sera peut-être un peu différente de celle que vous proposez, mais l'important est de voir si vous avez bien compris le sens.

1. Les adverbes

1 **1.**d **2.** c **3.** e **4.** a **5.** b

2 **1.** ときどき　としょかん　で　たなかさん　と　べんきょう　します。**2.** ゆっくり　たべて　ください。**3.** すぐ　いきます。**4.** まだ　その　えいが　を　みて　いない。

3 ぜんぜん pas du tout ; すこし un peu ; よく souvent ; とても très

4 **1.** よく Je vais souvent dans cette librairie là-bas. **2.** ぜんぜん Je ne comprends pas du tout le russe. **3.** すこし J'ai un peu d'argent. **4.** とても Il fait très froid aujourd'hui.

5 **1.** としょかん　まで　あるいて　さんじゅっぷん　かかる。**2.** お-はなみ　の　じゅんび　を　いそいで　して　ください。**3.** きのう　はじめて　あたらしい　にほんご　の　せんせい　に　あいました。

6 **1.** おおきく grandement **2.** くわしく en détail **3.** よく bien, souvent **4.** はやく vite/rapidement, tôt **5.** きびしく sévèrement **6.** おもしろく de façon intéressante

7 **1.** おおきく **2.** くわしく **3.** たのしく

8 **1.** ともだち　に　もらった　ほん　を　たいせつ　に　して　います。**2.** うちださん　の　むすこさん　は　まじめ　に　えいご　を　べんきょう　して　います。**3.** こどもたち　は　にわ　で　しずか　に　あそんで　いる。

9 **1.** ながく **2.** かんたん　に **3.** くわしく **4.** たのしく **5.** しずか　に **6.** きれい　に **7.** すごく **8.** べんり　に

2. Plus sur les particules

1 **1.** わたし　の　かばん　は　この　くろい　かばん　です。**2.** テニス　が　むすめ　が　いちばん　すき　な　スポーツ　です。**3.** やまださん　の　となり　に　すわって　いる　ひと　は　たなかさん　です。**4.** この　くろい　かばん　が　わたし　の　かばん　です。**5.** むすめ　が　いちばん　すき　な　スポーツ　は　テニス　です。**6.** たなかさん　が　やまださん　の　となり　に　すわって　いる　ひと　です。

2 **1.** レアさん　は　め　が　あおい（です）。Léa a les yeux bleus. **2.** ジムさん　は　かみ　が　くろい（です）。Jim a les cheveux noirs. **3.** ボルドー　は　ワイン　が　ゆうめい　だ/です。Bordeaux est célèbre pour ses vins. **4.** あきこさん　は　え　が　じょうず　だ/です。Akiko est douée en peinture.

3 **1.** で **2.** を **3.** を **4.** を **5.** で **6.** を

4 **1.** はる　が　すき　です。**2.** はる　は　すき　だ。なつ　は　きらい　だ。**3.** にほんご　が　わかる。**4.** にほんご　が　よく　わかる。えいご　は　あまり　わからない。

5 **1.** Je (nous/il/elle/ils/elles) vais à pied au grand magasin. **2.** えき　まで　は　バス　で　いきます。**3.** Pendant les vacances d'été je (nous…) vais à Londres avec des amis. **4.** かぞく　と　は　ローマ　に　いきます。**5.** J'ai offert une montre à mon père pour Noël. **6.** はは　に　は　きれい　な　ゆびわ　を　あげました。**7.** A Kyôto je (…) visite les temples. 8. とうきょう　で　は　かぶき　を　みます。

6 **1.** デパート/えき　まで　も　えき/デパート　まで　も　バス　で　いきます。Je vais à pied aussi bien au grand magasin/à la gare qu'à la gare/au grand magasin. **2.**はは/いもうと　に　も　いもうと/はは　に　も　はな　を　あげました。J'ai offert des fleurs à ma mère/ma jeune sœur ainsi qu'à ma jeune sœur/ma mère. **3.** あね　は　きょうと/なら　で　も　なら/きょうと　で　も　お-てら　を　けんがく　した。Ma sœur aînée a visité des temples à Kyôto/Nara et à Nara/Kyôto. **4.** レストラン/えき/ほんや　は　ほんや/レストラン/えき　から　も　えき/ほんや/レストラン　から　も　ちかい　です。Le restaurant/la gare/la librairie est aussi proche de la librairie/du restaurant/de la gare que de la gare/de la librairie/du restaurant.

7 **1.** としおくん　は「いたい　いたい。」と　いいました。**2**きむらさん　は「おはよう　ございます。」と　いいました。**3.** えつこさん　は「かわいい、この　ワンピース」と　いいました。**4.** おじいさん　は「ああ。むかし　は　よかった。」と　いいました。

⑧ **1. a.** はらださん は「お げんき です か。」と ききました 。こじまさん は「はい、 げんき です。」と こたえました。 **b.** M. Harada a demandé : « Comment allez-vous ? » M. Kojima a répondu : « Très bien, merci. » **2. a.** きくちさんは「お-ちゃ でも いかが です か。」と ききました 。おくむらさん は「はい、ありがとう ございます。」と こたえました。**b.** Mme Kikuchi a demandé : « Prendez-vous du thé ?» Mme Okumura a répondu : « Oui, merci. » **3. a.** まことくん は「さんぽ に いかない？」と きいた。 まりこさん は「うん、 いい よ。」と こたえた。**b.** Makoto a demandé : « Une petite promenade ? » Mariko a répondu : « D'accord. »

⑨ **1.** アナウンサー は こうそくどうろ で おおきい じこ が あった と いいました。 **2.** ちち は たかはしさん が こない と こたえました。 **3.** おじさん は、その しらせ を きいて、 とても うれしい と いいました。

⑩ **1.** あめ が ふる と おもう。**2.** みんな で いっしょ に ちゅうごく りょこう に いく と きめました。**3.** きのう の テスト は あまり むずかしくなかった と おもいます。

3. Écrire en kanji les verbes et les adjectifs en –い

① **1.** 読む 読まない 読みます 読んで **2.** 買う 買わない 買います 買って **3.** 作る 作らない 作ります 作って **4.** 話す 話さない 話します 話して **5.** 思う 思わない 思います 思って **6.** 決まる 決まらない 決まります 決まって **7.** 売る 売らない 売ります 売って **8.** 行く 行かない 行きます 行って

② **1.** 見る 見ない 見ます 見て **2.** 見える 見えない 見えます 見えて **3.** 忘れる 忘れない 忘れます 忘れて **4.** 入れる 入れない 入れます 入れて **5.** 始める 始めない 始めます 始めて **6.** 起きる 起きない 起きます 起きて **7.** 見せる 見せない 見せます 見せて **8.** 食べる 食べない 食べます 食べて

③ **1.** きました **2.** きて **3.** くる **4.** こない **5.** きた

④ **1.** まいばん 十八時はん に うち に 帰ります。 **2.** ちかく の こうえん に きれい な はくちょう が います。**3.** ケーキ を 四つ に 切った。 **4.** えん から ユーロ に お-かね を 替えて ください。**5.** ロシア は、パスポート が 要ります か。**6.** リビング を こども の へや に 変えました。**7.** いもうと は いつも かわいい Tシャツ を 着て いる。

⑤ **1.** 寒い 寒くない 寒かった 寒くなかった
2. 小さい 小さくない 小さかった 小さくなかった
3. 遠い 遠くない 遠かった 遠くなかった
4. 古い 古くない 古かった 古くなかった
5. 楽しい 楽しくない 楽しかった 楽しくなかった
6. 長い 長くない 長かった 長くなかった
7. 大きい 大きくない 大きかった 大きくなかった
8. 新しい 新しくない 新しかった 新しくなかった

4. Phrases complexes (1)

① **1.** Bien que je/il/elle/nous/ils/elles sois très occupé, je (...) fais tous les jours mon/une heure de jogging. **2.** Kirikou est petit mais il est intelligent [lit : sa tête est bonne]. **3.** J'(...) ai cherché ma bague de toutes mes forces mais je (...) ne l'ai pas trouvée. **4.** Demain j'ai des réunions, et en plus j'ai des rendez-vous, ça va être une journée chargée.

② **1.** が Je (...) comprends bien le japonais, mais je (...) ne suis pas tellement bon en anglais. **2.** し, し Il est délicieux, en plus il n'est pas cher, je (...) mange toujours dans ce restaurant. **3.** が Excusez-moi, mais, où sont les toilettes ? **4.** けど Bien qu'il pleuve, les enfants jouent dehors avec entrain. **5.** し, し, し Miyasaka est élégant, en plus il est intelligent et il est gentil, il est très populaire. **6.** けど Bien que je (...) n'aie pas de temps, je suis allé à la fête d'anniversaire de Chikako **7.** が J'aime le printemps mais je déteste l'été.

③ **1.** かいもの を し に 行きました が、 みせ が しまって いました。**2.** ことし の なつ は とても あつかった し、 まいにち あめ が ふった し、たいへん だった。 **3.** となり の うち の むすめさん は まいばん バイオリン の れんしゅう を して います けれども/けれど、なかなか じょうず に なりません。

④ **1.** あめ が ふって います から、でかけません。Puisqu'il pleut, je ne vais pas sortir. **2.** にほんご は とても おもしろい (です) から、いっしょけんめい べんきょう します。 Comme le japonais est vraiment intéressant, j'étudie de toutes mes forces. **3.** よく ドイツ に 行きます から ドイツご を

べんきょう　して　います。J'(...) étudie l'allemand parce que je (...) vais souvent en Allemagne. **4.** なつやすみ　です　から、アルバイト　を　します。Comme ce sont les vacances d'été, je vais prendre un job.

5 **1.** きた Comme ma tante de la campagne est venue, nous [sommes allés] ensemble voir le kabuki. **2.** たかい Étant donné que l'euro est cher, je ne peux pas aller en voyage en France. **3.** ゆうめい　な Comme Paris est [une ville] célèbre, il y a beaucoup de cars de touristes. **4.** にちようび　な Puisque c'est dimanche, est-ce qu'on ne sortirait pas quelque part ? **5.** こんで　いた Comme les routes étaient encombrées, j'ai été en retard à ma réunion. **6.** びょうき　な Comme les enfants sont malades, je vais rentrer de bonne heure.

6 **1.** きのう　の　よる　ともだち　と　えいが　を見て、しょくじ　を　して、うち　に　帰って、十一時　に　ねた。**2.** おかあさん　が　作った　ケーキは　おいしくて、食べすぎて、おなか　が　いたくなった。**3.** びじゅつかん　に　行って、ぐうぜん　おば　に　… おば　は　いそがしくて　はなし　が　できません　でした。**4.** ともだち　に　かりた　ほん　は　ぜんぜん　おもしろくなくて、さいご　まで　読まなかった。**5.** 新しい　かさ　を ...ちかてつ　に　忘れて　しまって、がっかり　しました。**6.** しけん　は　十時　から　で　は　なくて、九時から　です。

7 **1. a.** あの　かた　は　いけださん　の　むすこさんで、いがくぶ　の　がくせい　です。**b.** Cette personne là-bas, c'est le fils de M. Ikeda, il est étudiant en médecine (de la faculté de médecine). **2. a.** すうがく　の　せんせい　は　とても　しんせつで、むすめ　は　せんせい　の　ファン　に　なりました。**b.** [comme] Le professeur de maths est très gentil, ma fille est devenue une de ses fans.

8 **1.** なくて / なかった　ので **2.** が **3.** して **4.** きいて **5.** ので **6.** が **7.** ころんで **8.** おって

5. Le corps et les adjectifs de sensations

4 **1.** さむい **2.** あつい **3.** かゆい **4.** いたい **5.** あたたかい

5 **1.** あたま　が　ガンガン　します。**2.** は　が　ズキズキ　する。**3.** ひだり　の　め　が　チクチク　します。

6 **1.** がっかり　した。**2.** イライラ　します。**3.** ワクワク　します。**4.** ドキドキ　して　いた。

7 **1.** d **2.** a **3.** c **4.** b

6. La désignation de la personne – Les particules finales

1 **1.** わたくし **2.** ぼく **3.** わたくし **4.** ぼく / おれ **5.** わたし **6.** わたし **7.** わたくし **8.** わたし / あたし

2 **1.** ぼく　は　行く。**2.** わたし / あたし　は　はたらきます。**3. a.** えいご　を　べんきょう　します。**b.** わたくし / ぼく　は　えいご　を　べんきょう　します / する。

3 **1.** も Mes amis font du tennis. Moi aussi j'en fais. **2.** は Mon père comprend bien l'anglais. Moi, je ne le comprends pas du tout. **3.** は Ma sœur fait du piano. Moi, je joue de la guitare. **4.** も Je voudrais des chaussures neuves. Ma grande sœur aussi. **5.** も Fukuhara fait son jogging tous les jours. Moi aussi.

4 **1.** たむらせんせい **2.** きみ **3.** たなかぶちょう

5 **1.** きむらさん　きむらくん　けんじくん　けんじさん　けんちゃん **2.** たかださん　たかちゃん　みかさん　みかちゃん

6 **1.** ピザ　に　する。あなた　は？あたし　も　。**2.** たむらぶちょう　の　いえ　は　ここ　から　遠い　です　か？いいえ　ちかい　です。**3.** いけだくん　は　やすみ　は　どこ　に　行く？イタリア　に　行く。**4.** これから　でんしゃ　で　うち　に　帰ります。さとうせんせい　は？

7 **1.** ね **2.** ね **3.** なあ **4.** よ

8 **1.** i **2.** d **3.** e **4.** a **5.** h **6.** j **7.** b **8.** c **9.** g **10.** f

7. Dépendance entre deux actions/états

1 **1.** たべて　から **2.** たべながら **3.** よんで　から **4.** よみながら **5.** よんだ　まま **6.** かえって　から **7.** いれた　まま **8.** でて　から **9.** でた　まま **10.** のった　まま **11.** みて　から **12.** みながら **13.** かりて　から **14.** かりた　まま **15.** あるきながら **16.** うたいながら **17.** きた　まま **18.** みせながら

2 **1.** としょかん　から　かりた　ほん　を　よんで　から　….。**2.** うた　を　うたいながら…。**3.** うち　に　かえって　から… 。**4.** ふく　を　きた　まま…。**5.** しゃしん　を　みせながら… 。**6.** かぎ　を　ポケット　に　いれた　まま…。

❸ **1.** アメリカじん は よく ポップコーン を 食べながら えいが を 見ます。 **2.** J'ai beaucoup de livres que je n'ai pas lus tout en les ayant achetés. **3.** としょかん の ほん を 読んで から かいた さくぶん を せんせい に だしました。 **4.** J'étudie à l'université tout en faisant des jobs. **5.** Je me suis endormi avec mes lentilles de contact.

8. Multiples emplois de la particule の

❶ **1.** どうぶつえん に は 大きい どうぶつ が います。小さい の も います。 **2.** ラジオ で うるさい おんがく を きいた。しずか な の も きいた。 **3.** この みせ で は 高い ワイン を 売って います けれども、ときどき やすい の も 売って います。 **4.** テレビ で やって いる えいが は、おもしろい えいが が あります が、ぜんぜん おもしろくない の も あります。 **5.** この ほん の なか に 買った の と かりた の が あります。

❷ **1.** おとな/こども の ふく は ここ です。こども/おとな の は あそこ です。 Les vêtements pour adultes/enfants, c'est ici. Ceux pour enfants/adultes, c'est là-bas. **2.** わたし / たなかさん の とけい は 小さい です が 、たなかさん / わたし の は 大きい です。 Ma montre/ la montre de Tanaka est petite mais la mienne/celle de Tanaka est grande. **3.** ベルギー / スイス の チョコレート は おいしい です。スイス / ベルギー の も おいしい です。 Le chocolat belge/suisse est délicieux. Le suisse/belge aussi. **4.** その とけい は どこ の です か。 Cette montre, d'où vient-elle [elle est d'où] ?

❸ **1.** mon ami Jim **2.** l'éléphant Babar **3.** le compositeur Takemitsu **4.** un pin [un arbre pin] **5.** moi en tant que mère

❹ **1.** どこ に 行った か/の。ou どこ に 行きました か。 **2.** どこ に 行った の。 **3.** どこ に 行った の。 **4.** どこ に 行きました か。

9. Phrases complexes (2)

❶ **1.** にほん に 行った とき、…。 Quand je suis allé au Japon, il y a eu un tremblement de terre [un tremblement de terre s'est produit]. **2.** おかださん に あう とき、…。 Quand vous rencontrerez Mme Okada, merci de lui remettre [remettez-lui] ce cadeau. **3.** りょうり を して いた あいだ に、…。 Alors que j'étais en train de faire la cuisine, le téléphone a sonné. **4.** きょうと に とまって いる あいだ に…。 Pendant votre séjour [que vous séjournerez] à Kyôto, visitez absolument le Pavillon d'or.

❷ **1.** 日本 で は、プール に はいる まえ に、 みんな で じゅんび たいそう を します。 **2.** イタリア に 行く まえ に 、 アシミール で イタリアご を べんきょう した。 **3.** ゆき が やんだ あと で 、 こどもたち は そと に 出て ゆきだるま を 作りました。 **4.** しゅっちょう から 帰った あと で 、すぐ りょこう に 行きます。

❸ **1.** まえ に Avant d'entrer dans la piscine veuillez mettre votre bonnet. **2.** とき Quand j'entre dans la piscine, j'entre toujours lentement. **3.** あで で Après un bain dans la piscine [être entré dans la piscine] je bois souvent de la bière. **4.** あいだ に Pendant que j'étais dans la piscine, il y a eu un tremblement de terre. **5.** とき Quand je suis /il/elle est entré(e) dans la piscine, l'eau était froide, j'ai /il/elle a tremblé.

10. Écrire en katakana – Les noms des pays européens

❶ **1.** ファン **2.** ティッシュペーパー **3.** ディスカウント **4.** シェフ **5.** フェスティバル **6.** フォーク **7.** ノンフィクション **8.** ウール **9.** シェーバー **10.** ジェット **11.** ファッション **12.** ディレクター **13.** フィードバック **14.** フォーラム **15.** ウエディング **16.** チェンジ **17.** ゴルデンウイーク **18.** ジェネレーション **19.** ファイル **20.** ウイスキー

❷ **1.** エディット・ピアフ **2.** ジャン・ギャバン **3.** アルベール・アインシュタイン **4.** マリー・キュリー

❸ **1.** Europe **2.** Italie **3.** Espagne **4.** Portugal **5.** Grèce **6.** Belgique **7.** Allemagne **8.** Irlande **9.** Autriche **10.** Danemark **11.** Suède **12.** Finlande **13.** Hongrie **14.** Pologne **15.** Bulgarie **16.** Chypre **17.** Croatie **18.** Estonie **19.** France **20.** Lituanie **21.** Lettonie **22.** Malte **23.** Pays-bas **24.** Roumanie **25.** Slovaquie **26.** Slovénie **27.** Luxembourg **28.** République tchèque **29.** Royaume-Uni **30.** Islande **31.** Norvège **32.** Suisse

❹ **1.** スウェーデン **2.** ドイツ **3.** ルクセンブルク **4.** ベルギー **5.** キプロス **6.** チェコ **7.** ポーランド **8.** イギリス **9.** ルーマニア **10.** フィンランド **11.** アイルランド **12.** オーストリア

11. Les verbes dérivés

1 **1.** おりられる pouvoir descendre **2.** あえる pouvoir rencontrer **3.** とべる pouvoir voler **4.** かりられる pouvoir emprunter **5.** べんきょう　できる pouvoir travailler **6.** 買える pouvoir acheter **7.** こたえられる pouvoir répondre **8.** 読める pouvoir lire **9.** 食べられる pouvoir manger **10.** 作れる pouvoir fabriquer **11.** 見られる pouvoir voir **12.** いえる pouvoir dire

2 **1.** やくせる Ce texte facile, même moi je peux le traduire tout seul. **2.** はいれない Les enfants ne sont pas admis (litt. : ne peuvent pas entrer) dans cette salle de sport. **3.** はなせる Yoshino se vante : « Moi, je suis capable de parler les langues de 4 pays. » **4.** ちゅうもん　できる Dans ce restaurant on peut commander des pizzas 24 heures [sur 24]. **5.** おぼえられた　おぼえられない J'ai pu apprendre facilement les hiragana mais je n'arrive pas tellement à retenir les katakana.

3 **1.** あたし　は　ねこじた　です　から、あつい　のみもの　が　のめません。**2.** あね　は　おんがく　が　すき　で、バイオリン　も　ひける　し、ピアノ　も　ひける。**3.** とくださん　と　行った　アイルランド　りょこう　は　忘れられない　おもいで　です。**4.** およげない　ひと　は　手　を　あげて　ください。**5.** いちねん　まえ　は　かんじ　が　ぜんぜん　かけなかった　けど、いま　は　いっしょけんめい　べんきょう　した　から、たくさん　かける。

4 **1.** 売られた avoir été vendu **2.** 決められた avoir été décidé **3.** 忘れられた avoir été oublié **4.** こられた avoir supporté la venue de **5.** すてられた avoir été jeté **6.** 変えられた avoir été transformé **7.** かりられた avoir été emprunté **8.** せつめい　された avoir été expliqué **9.** みつけられた avoir été trouvé **10.** こたえられた s'être vu répondre

5 **1.** この　バッグ　は　やすくて　しつ　が　いい　ので　せかい　かっこく　で　売られた　います。Comme cette marchandise est bon marché et de bonne qualité (sa qualité est bonne), elle se vend dans les pays du monde entier. **2.** あに　に　わたし　の　たいせつ　な　しゃしん　を　すてられて、とても　かなしかった。J'ai vu mes précieuses photos être jetées par mon [grand] frère, j'étais très triste. **3.** せんしゅう　の　しけん　は　よく　できた　ので、せんせい　に「よく　がんばった　ね」と　いわれました。Comme j'ai bien réussi l'examen de la semaine dernière, je me suis vu dire par le professeur : « Tu as bien travaillé ! » **4.** すり　に　わたし　の　パスポート　が　ぬすまれて、りょこう　が　できなく　なった。Mon passeport ayant été dérobé par un pickpocket, mon voyage est devenu impossible.

6 **1.** おとうと　は　せいせき　が　わるかった　から、ちち　に　しかられた。**2.** お-さけ　は　こめ　から　作られます。**3.** よなか　の　三時　に　ともだち　に　こられて **4.** この　みせ　の　ショーウインドー　に　は　いつも　くつ　が　きれい　に　ならべられて　います。**5.** だまって　いもうと　に　にっき　を　読まれて、イライラ　した。

7 **1.** かかせる faire écrire **2.** おぼえさせる faire apprendre **3.** おくらせる faire expédier **4.** いわせる faire dire **5.** 食べさせる faire manger **6.** にゅういん　させる faire hospitaliser **7.** 作らせる faire faire / fabriquer **8.** またせる faire attendre

8 **1.** 作らせた J'ai fait faire le dîner par les enfants. **2.** ならばせて　ください Faites mettre en rangs les élèves devant les classes, s'il vous plaît. **3.** にゅういん　させました Comme mon oncle est tombé malade, je l'ai fait hospitaliser hier soir. **4.** はかせた Comme il neige, j'ai obligé mon fils à mettre ses bottes. **5.** もたせた Comme ils étaient lourds, j'ai fait porter mes bagages par mon petit-fils.

9 **1.** むすこ　は　ねつ　が　ある　ので、がっこう　を　やすませて、くすり　を　のませた。**2.** わたし　の　日本ご　の　せんせい　は　よく　日本ご　の　うた　を　おぼえさせます。**3.** パソコン　が　こわれた　ので　しゅじん　に　なおさせた。**4.** きょう　は　さむい　から　むすめ　に　ぼうし　を　かぶらせた。**5.** アメリカ　に　行く　まえ　に、こども　に　えいかいわ　を　ならわせます。

10 **1.** かけた　ほめられた **2.** 食べさせて **3.** やすませます **4.** あえる **5.** きかれた　こたえられなかった **6.** いわれて

12. Expression de la volonté, de la permission, de l'obligation

1 **1.** 食べたい　食べたくない **2.** すみたい　すみたくない **3.** 行きたい　行きたくない **4.** 見せたい　見せたくない **5.** かきたい　かきたくない **6.** 読みたい　読みたくない **7.** 見たい　見たくない **8.** でかけたい

でかけたくない **9.** したい　したくない **10.** 買いたい　買いたくない

2 **1.** ドイツ　に　行きたい。**2.** ハイキング　を　したい。**3.** ルーブル　びじゅつかん　を　けんぶつ　したい。**4.** 日本ご　を　べんきょう　したい。**5.** りょうり　を　作りたくない。**6.** いちにちじゅう　テレビ　を　見たくない。**7.** はやおき　したくない。**8.** パリ　に　いたくない。

3 **1.** したい　です。Je veux faire un travail international. **2.** 見たくない　です。Je ne veux pas tellement regarder des films de guerre. **3.** 行きたい　です。Je veux aller dans un pays chaud.

4 **1.** きょう　は　日本　の　けいざい　に　ついて　話したい　と　思います。**2.** かぶき　に　ついて　ろんぶん　を　かきたい　と　思います。**3.** なっとう　を　食べて　みたい　と　思います。

5 **1.** もっと　まじめ　に　べんきょう　して　ほしい。**2.** せんそう　に　行って　ほしくない　です。**3.** せんせい　に　新しい …… を　かいて　ほしい　です。

6 **1.** 始めよう　始めましょう commençons **2.** うたおう　うたいましょう chantons **3.** やすもう　やすみましょう reposons-nous **4.** おりよう　おりましょう descendons **5.** べんきょう　しよう　べんきょう　しましょう travaillons **6.** あるこう　あるきましょう marchons **7.** 食べよう　食べましょう mangeons

7 **1.** にもつ　を　もちましょう　か。Voulez-vous que je porte vos bagages ? **2.** しゃしん　を　とりましょう　か。Voulez-vous que je vous prenne en photo ? **3.** えき　まで　おくりましょう　か。Voulez-vous que je vous accompagne à la gare ?

8 **1.** いま　の くるま　は　古い　ので　新しい　の　を　買おう　と　思います。**2.** これから　まいあさ　はやおき　しよう　と　思います。**3.** ことし　は　タバコ　を　やめよう　と　思います。

9 **1.** しゃしん　を　とって　も　いい　です。**2.** のみもの　を　のんで　は　いけない/いけません。**3.** 食べもの　を　食べて　は　いけない/いけません。**4.** ほん　を　読んで　も　いい　です。**5.** はしって　は　いけない/いけません。**6.** いす　に　すわって　も　いい　です。

10 **1.** 行かなければ　ならない je (tu/il/elle/nous/vous/ils/ells/on) dois aller/il faut que j'aille **2.** またなければ　ならない je (tu...) dois attendre/ il faut attendre **3.** でかけなければ　ならない je (tu...) dois sortir/il faut que je sorte **4.** 見なければ　ならない je (tu...) dois regarder/il faut que je regarde **5.** ならわなければ　ならない je (tu...) dois apprendre/ il faut que j'apprenne **6.** しなければ　ならない je (tu...) dois faire/il faut que je fasse

11 **1.** メール　を　かかなければ　ならない。**2.** あした　ぎんこう　に　行かなければ　ならない。**3.** この　ほん　を　読まなければ　なりません。**4.** 日本ご　は　まいにち　べんきょう　しなければ　ならない。**5.** ぜいかん　で　パスポート　を　見せなければ　なりません。**6.** まいにち　やさい　と　くだもの　を　食べなければ　なりません。

13. Les couleurs, les formes et les goûts

2 **1.** 青い　とり **2.** みどり色　の　かばん **3.** 黒い　くつ **4.** ねずみ色　の　セーター **5.** ピンク　の　ぼうし **6.** 赤い　くるま **7.** オレンジ色　の　かさ **8.** きいろい　はな

3 **1.** un cube **2.** un triangle **3.** un cône **4.** un losange **5.** un rond **6.** un rectangle **7.** un cylindre **8.** un ovale **9.** un trapèze **10.** un carré

4 **1.** さんかく　の　ケーキ **2.** ひしがた　の　とけい **3.** まるい　つくえ **4.** ちょうほうけい　の　へや

5 **2.** タバスコ　からい épicé **3.** レモン　すっぱい acide **4.** バター　あぶらっぽい gras **5.** ケーキ　あまい sucré **6.** ジャム　あまい sucré **7.** お-す　すっぱい acide **8.** チョコレート　にがい amer **9.** コーヒー　にがい amer **10.** わさび　からい épicé

14. Phrases complexes (3)

1 **1.** Faites attention de ne rien oublier [faire d'objet oublié] dans le train. **2.** Je mets de l'argent de côté pour pouvoir aller au Japon. **3.** まち　の　こども　が　あそべる　よう　に　小さい　こうえん　を　作りました。**4.** かいぎ　の　じかん　に　おくれない　よう　に　あさ　はやく　うち　を　出た。

2 **1.** オリンピック　で　きんメダル　を　とる　ため　に　たくさん　れんしゅう　しなければ　ならない。Pour gagner une médaille d'or aux Jeux olympiques il faut beaucoup s'entraîner. **2.** はは　の　クリスマス　プレゼント　を　買う　ため　に　バイト　を　して　います。Je fais des petits boulots pour acheter un cadeau de Noël à ma mère. **3.** びょうき　を　なおす

ため　に　くすり　を　ちゃんと　のんで、やすまなければ　ならない。Pour guérir il faut que tu prennes bien tes médicaments et que tu te reposes. **4.** にもつ　を　おくる　ため　に　ゆうびんきょく　に　行きました。Je suis allé à la poste expédier un colis.

3 **1.** お–としより　も　かんたん　に　読める　よう　に　大きい　じ　で　かかれた　ほん　を　売ります。**2.** びょうき　が　はやく　なおる　よう　に　いしゃ　に　いう　こと　を　よく　きいて　ください。**3.** だいがく　の　ちかく　の　新しい　アパート　に　ひっこし　を　する　ため　に　てらださん　に　てつだって　もらった。**4.** パーティー　の　まえ　に　みんな　が　よろこぶ　よう　に　のみもの　を　たくさん　買って　おいた。**5.** 新しい　モデル　の　けいたいでんわ　を　買う　ため　に　三時間　も　ならんで　いました。

4 **1.** なんども　せつめい　した　のに　けんじくん　は　まだ　わからない。**2.** せっかく　りょうり　を　作った　のに　あに　は　こなかった。**3.** はやく　おきて　みせ　の　まえ　で　ならんだ　のに　新しい　モデル　の　けいたいでんわ　が　買えなかった。**4.** たけださん　は　とても　いそがしい　のに　わたし　の　しごと　を　てつだって　くれた。

5 **1.** がんばっても J’aurais beau faire tous mes efforts , ce travail ne sera pas terminé d’ici à demain. **2.** いそがしくても Même si tu es très occupé, prends correctement tes repas. **3.** なくても Même sans argent/si on n’a pas d’argent on peut tout de même mener tous les jours une vie heureuse.

15. Les mots-outils

1 **1.** 始まる Comme le concert est sur le point de commencer, veuillez éteindre vos portables, s’il vous plaît. **2.** して　いる Comme je suis juste en plein travail, je te rappellerai ce soir. **3.** 帰る Comme les enfants ne vont pas tarder à rentrer , je dois m’occuper du dîner/déjeuner. **4.** 出た Quand je (tu…nous…) suis arrivé à la gare, le train venait juste de partir. **5.** やすんで　いた Pendant que j’étais juste en train de me reposer, la terre s’est mise à trembler. **6.** 出る Je m’apprête à partir maintenant, attends-moi encore un peu devant le musée.

2 **1.** プール　より　うみ　で　およぐ　ほう　が　楽しい　ね。**2.** みせ　に　行く　より　インターネット　で　ちゅうもん　する　ほう　が　かんたん　です。**3.** ここ　から　バス　に　のる　より　あるいて　行く　ほう　が　はやい　です。**4.** ほんやく　より　げんしょ　で　読む　ほう　が　おもしろい　と　思います。**5.** お–かね　より　けんこう　の　ほう　が　たいせつ　です。**6.** えいご　より　ちゅうごくご　の　ほう　が　むずかしい　と　は　思わない。**7.** アパート　は　せまくて　くらい　より　ひろくて　あかるい　ほう　が　いい　と　思いません　か。

3 **1.** お–ふろ　に　はいらない　ほう　が　いい　です。**2.** ゆっくり　ねた　ほう　が　いい　です。**3.** ちゃんと　くすり　を　のんだ　ほう　が　いい　です。**4.** お–さけ　を　のまない　ほう　が　いい　です。**5.** やすみ　を　とった　ほう　が　いい　です。

4 **1.** の　よう　に Suivez le mode d’emploi. (litt. : faites comme le mode d’emploi.) **2.** の　よう　な C’est une maison en forme de champignon. (litt. : dans une forme semblable à un champignon.) **3.** の　よう　な Comme ce médicament a un goût d’orange (litt. : comme une orange), il est facile à prendre (avaler). **4.** よう　に Écrivez maintenant comme je vais le dire. **5.** の　よう　な Avec les enfants j’ai fait un gâteau (tout) rond comme la lune. **6.** の　よう　な Cet enfant parle comme un adulte. (litt. : dit des choses semblables aux adultes.) **7.** の　よう　な Je préfère les sports collectifs comme le basket. **8.** よう　に Comme je l’ai écrit dans mon mail, retrouvons-nous à l’université demain à trois heures. **9.** の　よう　に Dans l’avenir je veux devenir comme mon père.

5 **1.** お–かね　が　すこし　しか　ない　から、高い　ホテル　に　とまれない。**2.** ワイン　が　すこし　だけ　あります　から　ふたり　で　のみましょう。**3.** ことし　の　なつ　日本　に　行って、きょうと　と　おおさか　だけ　かんこう　する　つもり　です。**4.** わたし　の　くるま　は　大きい　ので　ひろい　みち　しか　とおれません。**5.** しゅっぱつ　まで　一時間　しか　ない　から、　コーヒー　を　のむ　じかん　が　ない。**6.** いもうと　に　だけ　話しました。**7.** きょねん　の　なつ　日本　に　行った　とき、きょうと　と　おおさか　しか　かんこう　しません　でした。**8.** おじいさん　は　目　が　わるい　から　大きい　じ　で　かかれた　ほん　しか　読めません。**9.** いま　もって　いる　お–かね　は　これ　だけ　です。**10.** いま　のこって　いる　お–かね　は　これ　しか　ない。**11.** フランスじん　が　ひとり　だけ　います　から、ほんやく　を　たのみましょう。

12. きのう　の　コンサート　に　は、　でんしゃ　の スト で、百にん しか 来なくて、ざんねん でした。

16. La nominalisation

1 **1. a.** J'aime les oiseaux. **b.** とり　を　見る　の / こと　が　すき　です。 **2. a.** Je déteste le tennis. **b.** テニス　を　する　の / こと　が　きらい　です。 **3. a.** J'adore la cuisine japonaise. **b.** 日本りょうり　を　作る　の / こと　が　だいすき　です 。

2 **1.** タバコ　を　やめる　こと **2.** まいにち　ジョギング　を　する　こと **3.** はやおき　する　こと **4.** 食べすぎない　こと **5.** むだづかい　を　しない　こと

3 **1.** のった　こと　が　あります　か。 **2.** こんしゅう　は　いっぺん　も　はやおき　する　こと　が　できなかった。 **3.** やめる　こと　に　した。 **4.** まいにち　ジョギング　を　する　こと　が　できまかった。 **5.** よく　食べすぎる　こと　が　ある。 **6.** しない　こと　に　しました。

4 **1.** となり　の　いえ　から　だれか　が　ピアノ　を　ひいて　いる　の　が　聞こえます。 **2.** そら　に　ほし　が　ひかって　いる　の　が 見えて、とても　きれい　だった。 **3.** いい　てん　を　とって、せんせい　に　ほめられた　の　が　うれしかった。 **4.** これ　は　くるま　を　あらう　の　に　つかいます。 **5.** きのう　の　パーティー　に　たむらさん　が　これなかった　の　が　ざんねん　です。 **6.** いちにちじゅう　となり　の　いぬ　が　ほえて　いる　の　が　聞こえて、ひじょう　に　うるさっかた。 **7.** しゅうまつ　かぞく　で　いっしょ　に　しょうりょこう　を　する　の　は　楽しい　です。 **8.** この　くつ　は　やま　を　あるく　の　に　べんり　です。

5 **1.** こと Kenji fait le fier : « Moi, je peux nager 5 kilomètres ! » **2.** の Cuisiner avec des légumes qu'on a cultivés soi-même est un plaisir. **3.** こと Ne pas courir dans les couloirs. こと Saluer les professeurs. こと Ne pas parler pendant les cours. **4.** の Pour faire les origami on utilise un papier spécial. **5.** の / こと Je déteste faire la queue pendant des heures pour voir une exposition. **6.** こと Comme je suis très fatigué, j'ai décidé de rentrer de bonne heure à la maison. **7.** の / こと J'adore nager dans la mer. **8.** こと Avez- vous déjà vu du kabuki ?

17. Phrases complexes (4)

1 **1.** あつければ ; あつくなければ **2.** 話せば ; 話さなければ **3.** 出れば ; 出なければ **4.** あれば ; なければ **5.** いえば ; いわなければ **6.** 遠ければ ; 遠くなければ **7.** 食べれば ; 食べなければ **8.** くれば ; こなければ **9.** 忘れれば ; 忘れなければ **10.** 高ければ ; 高くなければ **11.** できれば ; できなければ **12.** とれば ; とらなければ **13.** すれば ; しなければ **14.** おもしろければ ; おもしろくなければ

2 **1.** せつやく　しなければ、くるま　が　買えない。 Si je ne fais pas d'économies, je ne pourrai pas m'acheter une voiture. **2.** はね　が　あれば、そら　を　とべる。 Si j'avais des ailes, je pourrais voler dans le ciel. **3.** にんげん　は　食べなければ、いきられない。 Si l'homme ne mange pas, il ne peut pas vivre. **4.** おじいさん　に　きけば、まち　の　れきし　の　こと　が　わかる。 Si tu demandais à grand-père, tu pourrais connaître l'histoire de la ville. **5.** いそげば、コンサート　に　まにあいます。 Si on se dépêche/dépêchait, on sera/serait à l'heure au concert. **6.** はやおき　すれば、いちにち　に　いろいろ　な　こと　が　できる 。 Si on se lève/se levait tôt, on peut/pourrait faire des tas de choses en une journée. **7.** やすければ、どんどん　売れる。 Si c'est/c'était bon marché, on pourra/pourrait en vendre des quantités !

3 **1.** あめ　なら　しあい　は　ちゅうし　です。 S'il pleut (si c'est la pluie), on arrête le match (pour le match c'est l'interruption). **2.** らいしゅう　は　どようび　なら　ひま　です　から　いっしょ　に　でかけましょう。 Comme la semaine prochaine, si c'est samedi je suis libre, sortons ensemble. **3.** この　コンサート　は　がくせい　なら　むりょう　です。 Ce concert est gratuit pour les étudiants (si on est étudiant c'est gratuit). **4.** かんたん　なら　すぐ　できます。 Si c'est facile j'y arriverai tout de suite. **5.** あした　ひま　なら　いっしょ　に　うみ　に　行かない？ Si tu as du temps demain, est-ce qu'on n'irait pas ensemble à la mer ?

4 **1.** いたかったら ; いたくなかったら **2.** 話したら ; 話さなかったら **3.** 出たら ; 出なかったら **4.** あったら ; なかったら **5.** かんたん　だったら ; かんたん　で（は）　なかったら **6.** 長かったら ; 長くなかったら

7. えいご　だったら；えいご　で（は）なかったら **8.** 忘れたら　；　忘れなかったら **9.** 行ったら　；行かなかったら **10.** ほしかったら；ほしくなかったら **11.** できたら；できなかったら **12.** ぼく　だったら；ぼく　で　(は)　なかったら **13.** したら；しなかったら **14.** おもしろかったら　；　おもしろくなかったら **15.** きれい　だったら；きれい　で　(は) なかったら

5 **1.** くうこう　に　ついたら、でんわ　して ください。 **2.** はね　が　あったら、あなた　の ところ　に　とんで　行ける。 **3.** 十時　に　なったら、かいぎ　を　始めましょう。 **4.** ちゃんと　やさい　を 食べなかったら、びょうき　に　なる　よ。 **5.** お-かね　が　あったら、せかいじゅう　を りょこう　したい。 **6.** 日本　に　ついたら、すぐ おんせん　に　行きます。 **7.** もっと　しずか だったら、この　まち　に　すみたい。

6 **1.** Quand arrive le printemps, il se met à faire [plus] doux. **2.** La librairie, vous allez tout droit puis vous tournez à droite, et vous y êtes ! (litt. : Si c'est la librairie [que vous cherchez], quand vous serez allé tout droit et que vous aurez tourné à droite, elle est là.) **3.** Quand j'ai ouvert la porte, mes amis étaient là à m'attendre (litt. : m'attendaient). **4.** Si/quand on passe cette montagne, on voit la mer. **5.** Quand j'ai ouvert la fenêtre, c'était partout un monde argenté.

18. La nature et les saisons

1 はる　に　なる　と、さくら　と　うめ　が さきます　から　みんな　で　お-はなみ　を　します。うぐいす　が　なきます　し、つばめ　が　そら を　とびます。なつ　は　ビール　を　よく　のみます。よる　はなび　を　します。ほたる　の　ひかり が　とても　きれい　です。せみ　が　いちにちじゅう ないて　すこし　うるさい　です。こおろぎ　が なく　と、　もう　すぐ　あき　です。あき　の つき　は　いちばん　あかるくて　大きい　です から　あき　は　つき　の　きせつ　だ　と　いわれて います。にわ　に　うえた　コスモス　が　さきます。やま　に　行って　くり　を　ひろいます。こうよう が　うつくしい　きせつ　です。あき　が　おわる と　かれは　が　まいちります。ふゆ　に　なりました。こども　は　そり　で　あそびます。ゆきだるま を　作って　あそんで　いる　あいだ　に　おとな　は 寒い　から　やまごや　で　みんな　で　ホットワイン を　のみます。クリスマス　の　プレゼント　の じゅんび　も　します。

2 **1.** ふゆ Matin d'hiver / un traîneau approche / le son des clochettes **2.** なつ Soir d'été / une bière à la main / je regarde le ciel **3.** はる Le printemps est là / dans le ciel de la campagne / volent les hirondelles **4.** なつ Je regarde le ciel /étoiles ? feux d'artifice ? / c'est l'été **5.** あき Lumineuse / elle se lève magnifique / la lune d'automne **6.** ふゆ Le froid hiver / allons skier / debout de bonne heure

3 **1.** とおる　みち
あいた　まど　から
チェロ　の　うた

2. あおい　め　の
となり　の　ねこ　は
かわいい　ね

3. あかるくて
め　の　たのしみ　に
にわ　の　はな

4. ふゆ　が　きた
こども　よろこぶ
ゆきだるま

5. パリ　の　みち
マロニエ　が　さく
もう　はる　よ

6. なつ　の　そら
ジグザグ　に　とぶ
こうもり　は

TABLEAU D'AUTOÉVALUATION

Bravo, vous êtes venu à bout de ce cahier ! Il est temps à présent de faire le point sur vos compétences et de comptabiliser les icônes afin de procéder à l'évaluation finale. Reportez le sous-total de chaque chapitre dans les cases ci-dessous puis additionnez-les afin d'obtenir le nombre final d'icônes dans chaque couleur. Puis découvrez vos résultats !

Chapitre			
1. Les adverbes			
2. Plus sur les particules			
3. Écrire en kanji les verbes et les adjectifs en -い			
4. Phrases complexes (1)			
5. Le corps et les adjectifs de sensations			
6. La désignation de la personne – Les particules finales			
7. Dépendance entre deux actions / états			
8. Multiples emplois de la particule の			
9. Phrases complexes (2)			
10. Écrire en katakana – Les noms des pays européens			
11. Les verbes dérivés			
12. Expression de la volonté, de la permission, de l'obligation			
13. Les couleurs, les formes et les goûts			
14. Phrases complexes (3)			
15. Les mots-outils			
16. La nominalisation			
17. Phrases complexes (4)			
18. La nature et les saisons			
Total, tous chapitres confondus			

Vous avez obtenu une majorité de...

かんぺき ！**Super !**
Vous maîtrisez maintenant les bases du japonais standard, vous êtes fin prêt !

もう すこし ！**Pas mal !**
Mais vous pouvez encore progresser… Refaites les exercices qui vous ont donné du fil à retordre en jetant un coup d'œil aux leçons !

がんばって ！**Persévérez !**
Vous êtes un peu rouillé… Reprenez l'ensemble de l'ouvrage en relisant bien les leçons avant de refaire les exercices.

CRÉDITS ICONOGRAPHIQUES : COUVERTURE : **Shutterstock** : Ansty : picto 4 ; Mix3r : picto 5 ; **DR** : pictos 1, 2, 3, 6, 7, 8, 9, 10.
INTÉRIEUR : petit chat en page 3 et suivantes : DR – **Fotolia** : 83 exo 2 (5.) – **Shutterstock** : andreysharonov : 85 exo 5 (5.) ; ankomando : 62 ; Antranig Art : 29h, 99h ; Artisticco : 85 exo 5 (3.) ; Ayami Kitabayashi Garcia : 83 exo 2 (4.) ; barberry : 85 exo 5 (8.) ; Blablo101 : 13 (yeux), 36 ; BlueRingMedia : 18hg, 38 exo 4 (c.), 44b, 85 exo 5 (4.) ; BoBaa22 : 40h ; Bukhavets Mikhail : 35h ; Chattapat : 20 ; Colorlife : 50 ; Crystal Eye Studio : 38h ; Dashikka : 102 ; Delices : 78b, 83 exo 2 (6.) ; Donnay Style : 7h ; flower travelin' man : 40 (smileys), 89 ; getfile : 95 ; GoodVector : 80 exo 9 (3.) ; graphic-line : 91 ; Grimgram : 58h ; happysmiling : 68 ; honoka : 48 ; Iconic Bestiary : 21m, 49 ; in_dies_magis : 83 exo 2 (3.) ; Incomible : 12, 14 (livre), 28, 80 exo 9 (4.) ; Iriskana : 66 ; Ivanova Natalia : 85 exo 5 (6.) ; jesadaphorn : 8b, 14 (couple), 71, 90h, 111 ; jkcDesign : 39b ; Julia Tim : 47bd, 98, 109 ; Kakigori Studio : 14 (oiseau) ; KALABUKHAVA IRYNA : 57H ; Kavoon : 101g ; ksenvitaln : 38 exo 4 (a. et b.) ; KY726871 : 87 ; lalan : 3h, 3b ; lanitta : 83 exo 2 (2.) ; Lilanakani : 13 (éléphant) ; LineTale : 75h ; lukpedclub : 85 exo 5 (2.) ; Lyudmyla Kharlamova : 18bd ; Macrovector : 9, 33, 34h, 38 exo 4 (d.), 39h, 55hg, 55mg, 80 (appareil photo), 80 exo 9 (5. et 6.), 108 ; MANGA MEDIA : 96 ; Maquiladora : 83 exo 2 (1.) ; Maria Zainoullina : 83 exo 2 (8.) ; Marish : 51h, 74h ; Mascha Tace : 29b, 84, 85 exo 5 (10.) ; Max Griboedov : 93 ; Meilun : 16 ; Minipop : 11b, 21b, 35b, 40b, 51b, 55b, 58b, 61b, 72, 81, 85b, 90b, 99b, 105, 113b ; Minur : 15h, 42, 85 exo 5 (9.) ; MSSA : 6, 22b, 37, 38 exo 4 (e.), 47bg ; MyClipArtStore.com : 21h ; Nadya_Art : 5 ; Naschy : 88h ; Naty_Lee : 4h, 4b, 24, 78h, 114, 118 ; Nikita Chisnikov : 106 ; NotionPic : 11 (artiste), 103 ; okili77 : 61h ; Olga1818 : 7b, 11h, 14 (garçon), 18hd, 18bg, 19h, 19m, 19b, 31, 41, 45, 55hd, 79, 101d ; openeyed : 85 exo 5 (7.) ; piercing : 13 (bouteille) ; PinkPueblo : 115 ; Sergeyyyyy : 74 (smileys) ; Shamil Askerov : 64 ; skyclick : 14 (nageurs), 97 ; Smart Design : 17, 55md, 70, 112 ; Spreadthesign : 14 (arbres et fleurs), 52, 54 ; Stocklifemax : 23, 47hd, 73 ; StockSmartStart :13 (personnage masculin) ; Studio_G : 88b ; sub job : 113h ; Vector pro : 83 exo 2 (7.) ; Vetreno : 34b ; Viktoria Kurpas : 53 ; Visual Generation : 44h ; wongstock : 47 (horloge) ; Yauhen Paleski : 60 ; yoshi-5 : 10, 32, 107 ; Yuchenko Yulia : 69 ; Zentangle : 63 – **Vecteezy** : 46, 116 (flocons) – **DR** : 47hg, 57b, 75b, 76, 80 exo 9 (2.), 86, 104.

Conception graphique : MediaSarbacane
Mise en pages : Élodie Bourgeois
Réalisation : Louise Aymard
© 2019 Assimil

Dépôt légal : janvier 2019
N° d'édition : 4337 - mai 2024
ISBN : 978-2-7005-09996-0
www.assimil.com
Imprimé en Roumanie par Master Print